박정희가 옳았다

5·16과 10월유신의 정치경제학

박정희가 옳았다

이강호 저

기파랑

5·16과 10월유신은
정치적으로 변호하면 안 되는가?

— 터부에 대한 문제 제기

역사적 인물은 어떻게 평가되어야 하는가?

역사적 인물에 대한 평가에서 흔한 언설이 하나 있다. 공功도 있고 과過도 있다고 하는 평가다. 그런데 어떤 역사적 인물인들 그렇지 않은 경우가 없기 때문에 이런 식의 평가는 사실 허무한 평가다. 공과 모두 있고 때때로 시행착오를 겪는 것은 비단 역사적 인물뿐만이 아니라 모든 '인간'의 공통된 보편이기 때문이다. 그래서 그 같은 '공평한' 평가는 평자를 편하게는 해줄지언정 시대를 이해하고 교훈을 얻는 데는 큰 도움이 되지 못한다.

　역사적 인물을 평가하는 데 있어 가장 중요한 준거의 바탕은 역사적 맥락이어야 한다. 평면적인 양시양비적 논평이 아니라 그 인물에게 어떠한 역사적 과제가 있었으며 그 과제를 앞에 두고 어떠한 역할을 했는가가 입체적으로 이해되고 따져져야 하는 것이다.

박정희 대통령이 한국의 산업화와 경제발전에 지울 수 없는 업적을 남겼음을 부인하는 경우는 없다(적어도 드물다). 그러나 박정희의 '경제적' 업적을 높이 평가하면서도 '정치적'으로는 흠집이 적지 않다고 보는 경우가 많다. 박정희의 5·16이라는 등장부터가 반反민주적이었으며, 그 치세 중반의 10월유신은 민주주의를 또 한 번 훼손한 것으로 보는 부정적 시각이 일반적이다. 이 같은 시각은 기왕에 박정희를 폄훼하는 자들만이 아니라 긍정적으로 보는 사람들에게서도 매우 자주 발견된다.

5·16과 10월유신은 정치적으로 변호하면 안 되는가?

특히 강경한 반反 박정희 파들에게는 경제적 성과에 한정된 최소한의 평가 정도도 여전히 결과론적 합리화로만 받아들여진다. 그들에게 있어 5·16은 '여하튼' 민주헌정을 중단시킨 군사 쿠데타일 뿐이며, 10월유신은 '어떻든' 민주주의를 결정적으로 유린한 반민주적 폭거일 뿐이다. 그리고 그들의 이 같은 평가는 현재 우리 사회의 통념을 지배하는, 혹은 그래야 하는 마치 신성한 기준처럼 군림하고 있다. 하지만 과연 5·16과 10월유신에 대해 정치적 변호의 여지는 없는 것일까? 박정희의 치세를 한국의 정치사적 맥락에서 적극적으로 평가하는 것은 과연 가능하지 않은 금기인 것인가?

민주주의가 감히 거스를 수 없는 원칙이 된 지금 5·16과 10월유신을 변호하려면 꼴통 소리 들을 각오를 해야 한다. 그러나 민주를 그렇게 신성시하는 이들이 박정희 시대에 어떤 유감을 갖고 있든 간에 움직일 수 없는 역사적 사실이 있다. 우리 한국인을 누천년累千年의 굶주림에서 해방하고 번영으로 들어서게 한 '한강의 기적'은 그들이 저주해 마지않는 박정희 시대에 이루어졌다는 것이다. 그렇다면 그들의 신성한 기준이 아니라 먹고살기 위한 분투라는, 인간에게 진실로 가장 절박한 기준으로 본다면 민주주의란 그야말로 '있어도 그만 없어도 그만'인 것이 되고 만다.

이 역설이 논박되려면 민주주의가 없는 상태에서의 경제발전 따위는 아무 의미가 없다고 해야 할 것이다. 그러나 그렇다면, 해마다 보릿고개의 굶주림에 시달리는 사람들 앞에서 흔들어대는 민주의 깃발이란 또 도대체 무슨 의미가 있단 말인가?

그들 논리의 이 같은 역설적 귀결은 그들이 생각하고 주장하는 민주주의와 민주화 논리에 중대한 허점이 있음을 드러낸다. 민주화는 1987년에 비로소 쟁취된 것이고 그 이전에는 민주주의가 없었다는 논리, 특히 박정희 시대를 민주주의의 암흑기로 묘사하는 것은 그들의 주장일 뿐이다. 5·16으로 시작된 박정희 시대, 그리고 유신 시대까지도 모두 결코 그런 암흑의 시대로 매도될 수는 없다. 더욱이 '위기에 대한 대응'이라는 차원에서 보자면 '박정희의 정치'는 그 이상으로 적극적 평가가 되어야 한다.

5·16과 10월유신의 정치적 의의

4·19 직후 권력을 잡은 민주당 정권은 무능했다. 그 무능은 단순히 경제 차원의 문제가 아니었다. 무엇보다도 정치 차원에서 무능했다. 가난이라는 말로도 부족한 피폐의 시대였던 만큼 경제를 위해 힘을 모아야 하는 시대였다. 하지만 경제로의 매진이 아니라 나라 전역이 데모 천국이 되어갔다. 민주가 과잉을 넘어 폭주의 양상을 보이고 있었다. 더욱이 단순한 폭주가 아니었다. "가자 북北으로 오라 남南으로"가 난무하더니 급기야는 횃불시위에 "김일성 만세"와 적기가赤旗歌까지 울려 퍼졌다.[1]

4·19가 대의로 했던 것은 자유민주주의였다. 한국은 그것을 지키기 위해 북한 공산군의 침략에 맞서 3년간의 혈전을 치렀다. 그런데 그 자유민주주의가 어느새 붉은 횃불을 마주하게 되었다. 하지만 '4·19 민주'의 명분으로 집권한 민주당 정권은 정작 자유민주를 위협하기 시작한 붉은 횃불 앞에 무기력하기 짝이 없는 모습을 보였다. 방치되었다간 종래에는 이 나라의 자유민주체제를 집어삼키는 불길로 번질 수도 있었다. 그 위험한 붉은 횃불을 끈 것은 박정희의 5·16이었다.

---

1   당시의 기사들에 의하면 '김일성 만세'와 '적기가'를 부르는 것이 만연해 있는 등 국가보안법만으로는 대응이 어려울 정도의 혼란과 폭주가 빚어지고 있던 정황을 알 수 있다. 「경향신문」, 1961.03.10., "對共査察을 强化." 또한 당시에는 미발표되었지만, 김수영 시인은 4·19 직후 1960년 10월 6일에 〈김일성만세〉라는 시를 쓰고 「동아일보」와 「경향신문」에 각각 보내기도 하였다. 혼란을 틈타 자유라는 외피 아래서 반(反)자유민주적 방종이 나타났음을 짐작게 하는 대목이다.

그로부터 다시 10년, 드디어 경제가 성장 발전의 궤도에 들어섰지만 또 다른 위기를 마주하게 되었다. 닉슨 독트린으로 한국은 안보환경에 큰 위험을 맞게 된 상황이었다. 강력한 안보태세의 구축이 급박한 과제였다. 그러나 1971년 대선에서 박정희에 맞서 터져 나온 야당 후보의 주장은 안보태세 강화가 아니라 '4대국 안전보장, 예비군 폐지, 남북협상'이었다. 데모의 구호가 아니고 공식적으로 제기된 공약이었지만, 이것은 근본에서는 10년 전의 '가자 북으로 오라 남으로'의 또 다른 반복이었다.

그뿐만 아니라 지난 10년의 분투 끝에 비로소 성장 궤도에 들어선 경제의 흐름을 완전히 다른 방향으로 돌리자는 주장도 제기되었다. 이후의 역사가 증명하고 그 야당 후보 본인도 나중에 결과적으로 인정하게 되었듯이, 그 주장대로 갔다면 오늘 우리가 당연시하고 있는 한국경제의 고도성장은 거기서 중단되었을 것이다.

하지만 이 모든 위험에도 불구하고 당시 야당의 그 주장은 큰 반향을 일으키며 대중적 세를 모았다. 그 흐름대로였으면 몇 년 뒤의 한국은 경제의 고도성장이 중단된 가운데 또 다른 차원의 '가자 북으로 오라 남으로'의 소용돌이 속으로 빠져들게 될 수도 있었다. 그리고 지금의 국력보다 더 취약한 상태에서 한국은 자유민주체제 자체가 또 한번 혼돈과 위기에 처하는 상황을 맞았을 수도 있다. 박정희는 그 예감된 위기 앞에서 '중단 없는 전진'의 길을 결단했다. 10월유신이었다.

'반공 민주 정신'은 반反민주가 아니다

5·16과 10월유신은 민주주의의 형식만으로 재단하면 늘 시비 앞에 서게 된다. 하지만 두 결단은 한국의 자유민주체제의 본질과 근간을 수호하고 강화했다는 점에서 근본적으로는 결코 자유민주주의의 반대편에 있지 않다. 오히려 형식만의 민주를 절대화하는 것이야말로 결국에는 자유를 훼손하고 민주 자체도 형해화시키게 된다.

프롤레타리아 민주주의, 소비에트 민주주의, 인민민주주의 등 공산 전체주의는 하나같이 민주주의라는 이름을 달고 있다. 그러나 그 민주주의는 모두 껍데기 장식물이다. 민주주의는 오직 자유를 심장으로 하는 자유민주체제일 때만 생명력을 갖는다. 그래서 민주주의는 자유를 부정하는 공산 전체주의의 반대편에 있지 않으면 결국 사망한다.

5·16의 6개 혁명 공약 가운데 두 가지가 '반공'이었다. "반공을 국시로 삼고 반공 태세를 재정비·강화할 것"이 혁명 공약의 첫 번째였으며, 다섯 번째에서 "국토통일을 위하여 공산주의와 대결할 수 있는 실력을 배양한다"라고 다시 한 번 반공을 천명하고 있다. 5·16이 '반공 태세 재정비·강화'로 시작됐다면, 10월유신은 '공산주의와 대결할 수 있는 실력의 배양'을 향해 더욱 확고히 나아간 것이었다. 그런 점에서 10월유신은 그 10여 년 전 5·16의 연장선에 있는 또 한 번의 5·16이기도 했다.

형식에는 집착하면서도 정작 반공은 잊은 민주는 의도했든 의도하지 않았든 자신의 심장이어야 할 자유를 집어삼키고 최종적으로는 민주 자신도 파괴한다. 박정희는 그 엄중함을 직시했으며 5·16과

10월유신으로 그 같은 민주의 자기파괴 위험을 막고, 나아가 한국 자유민주체제의 물적 기반을 굳건히 하고자 했다.

박정희 대통령이 1968년 선포한 국민교육헌장은 "반공 민주 정신에 투철한 애국 애족이 우리의 삶의 길이며 자유세계의 이상을 실현하는 기반"이라고 갈파喝破하고 있다. 이것은 5·16과 10월유신으로 대표되는 '박정희 정치'의 의의에 대한 압축적 설명이기도 하다. 국민교육헌장은 뒷전으로 밀려나 버린 지 오래고 반공도 어느덧 진부한 유물 취급을 받고 있다. 하지만 동서 세계 모든 나라의 현대사는, '반공 민주 정신'이 없는 민주주의란 결국에는 민주주의일 수 없게 된다는 것을 증명했다. 한국의 자유민주체제는 더없이 취약하고 허약한 상태에서 출발했지만 반공 민주 정신을 굳건히 했기에 지켜지고 성장할 수 있었다.

다시 반복되어야 하는가?

그런데 지금 우리는 그렇게 지난한 과정을 거치며 오늘에 이른 대한민국의 자유민주체제가 다시 능멸당하고 훼손되는 장면을 목도하고 있다. '김정은 위인맞이 환영단'이 등장하고 "나는 공산당이 좋아요"라는 현수막을 앞세운 자들이 거리낌 없이 광화문 광장을 활개 치는 일이 벌어지고 있다.

역사가 다시 반복되는 것인가? 반복되는 역사, 그 앞에서 다시 박정희를 생각하게 된다.

| 차례 |

제2장 — 역사적 과업을 외면하지 않는 용기 있는 결단

제3장 — 유신, 자유와 번영으로의 중단 없는 전진

제 1 장

근대화 혁명 5·16의 지지는 정당하다

대한민국 건국이
자유민주혁명

'민주화 세력'이라는 허구

대한민국은 산업화와 민주화를 모두 성공적으로 이룩한 나라라는 것
이, 세계적으로도 그렇지만, 한국인이라면 대개 공유하고 있는 인식
이다.

그러나 바로 그런 통합적인 긍정적 인식이 힘을 잃게 만들어버리
는 다른 한편의 어떤 통념이 하나 있다. 그것은 '민주화'와 관련한 것
인데, 1987년 6월 항쟁으로 '마침내' 민주화를 이룩했다는 믿음이다.
민주화의 주역임을 자부하는 측이 특히 앞장서서 주창한 그 같은 논리
는 이제 강력한 하나의 흐름을 형성하고 있다. 그래서 산업화 성취의
중요성을 강조하는 측도 그것을 그대로 수긍해버리는 경우가 많다.

그런데 얼핏 당연해 보이는 이 같은 인식이 적지 않은 문제점을 야

기한다. 그것은 '산업화와 민주화'를 더 이상 한 묶음으로 칭할 수 없게 하고 통합적 공감을 깨뜨리는 데 그치지 않는다. 민주화의 독보성을 강조하는 측은 전혀 의도하지 않았겠지만 "민주화라는 것은 그렇다면 현실적으로 과연 어떤 의미가 있는가?"라는 물음을 제기하게 한다.

1987년 6월에 '비로소' 민주주의를 '쟁취'한 것이라면 그 이전 한국은 민주주의가 존재하지 않았던 나라가 된다. 그렇다면 한국은 민주주의가 없는 상태에서 산업화를 한 나라가 된다. 그런데 산업화의 성취가 민주주의 없이 이뤄진 것이라면 역설적이게도 산업화를 위해선 민주주의를 유보할 수밖에 없었다는 주장을 합리화시켜주게도 된다. '민주 진영'은 그 같은 시각에 물론 반대한다. 그러나 그들이 어떤 주장을 하든 '1987년 6월 이후 민주화'라는 입장을 고수하는 한, 민주화는 상대적 지위의 것으로 전락하고 만다.

대한민국의 건국 자체가 자유민주혁명

무엇보다도 1987년 6월에 민주주의를 쟁취했다는 인식부터가 잘못됐다. 한국의 자유민주주의 역사에 있어 가장 중요한 사건은 1948년 8월 15일의 대한민국 건국 그 자체다. 그 이전 한반도에는 자유민주주의라는 것이 존재하지 않았으며 대한민국의 건국으로 한반도의 남쪽 절반이나마 처음으로 자유민주체제 속에서 살게 되었다.

1948년 8월 15일 대한민국의 건국은 단순히 잃었던 나라 조선의

회복이 아니다. 그것은 왕조체제와는 전혀 다른 근대 '국민국가Nation State'의 탄생이었으며 한국인은 그리하여 오랜 역사 이래 처음으로 신민臣民이 아닌 국민國民으로 살아가게 되었다. 국민은 백성百姓이 아니다. 왕조시대의 백성은 정치적으로 아무 권리도 없는 존재에 지나지 않았다. 그 백성이 대한민국의 탄생으로 정치적 권리를 가진 국민이 되었다. 대한민국의 건국 자체가 자유민주혁명이었다.

그러나 이른바 민주 진영을 자처하는 이들은 대한민국 건국의 그러한 의의를 인정하지 않는다. 당시 대한민국의 건국 자체를 반대했던 이들도 그랬다. 좌익 진영은 물론 좌우합작 남북협상을 내세웠던 이들도 마찬가지였다. 그런데 대한민국의 건국에 동의하고 동참했던 이들도 그 정치적 함의를 제대로 이해한 것은 아니었다. 그 대표적 세력이었던 한민당의 경우도 그랬다.

따지고 보면 당시 자유민주주의가 무엇인지 정확히 알고 이해하고 있었던 이는 사실 건국 대통령 이승만뿐이었다 해도 과언이 아니다. 좌익 세력은 자유민주주의 자체를 반대하는 세력이니 논할 필요도 없지만, 좌익이 아니면서도 그들과 손을 잡으려 했던 좌우합작 남북협상파들도 민족이라는 감상은 있어도 이념과 체제의 중요성을 헤아릴 만한 식견은 없었다. 그래서 그들은 공산 전체주의가 아닌 '자유민주체제로서의 대한민국'이라는 나라를 세운다는 것의 의미와 중요성을 이해하지 못했다.

그런데 그런 견식의 부족은 한민당 세력도 마찬가지였다. 그들은 공산 좌익에 반대하고 이승만의 건국 노선에 찬성하고 동참함으로써 대한민국의 탄생에 기여했다. 하지만 이 같은 공헌에도 불구하고 자유민주체제의 나라를 세운다는 것에 대한 이해는 부족했다.

한민당은 해방공간에서 우익 진영의 주요 세력이었고 일제시대 독립운동을 했거나 적어도 민족적 입장을 견지했던 인사들 가운데 좌익이 아닌 인사들이 결집한 민족진영의 집결체로 적지 않은 역할을 했다. 그러나 그럼에도 불구하고 근대적 정치의식 차원에서는 한계를 안고 있었다.

한민당은 건국 당초부터 내각제를 주창했으며 이후로도 줄곧 그 입장을 견지했다. 이승만 대통령을 독재자로 규정짓고 대항한 논지의 핵심도 내각제였다. 그러나 대통령제가 독재이거나 내각제가 유일한 민주정일 수 없는 만큼 그들의 입장도 민주로 포장될 수는 없다. 더욱이 그들의 내각제 정치에 대한 이해는 조선왕조시대 양반 붕당정치적 발상에서 그리 멀리 떨어져 있지 않았다. 대한민국 건국에 반대한 자들뿐만 아니라 그들도 대한민국 건국의 자유민주혁명이 가진 근본적 함의에 대해 이해가 부족했다.

자유와 민주

이처럼 대한민국 건국의 자유민주혁명으로서의 의의에 대한 뿌리 깊은 몰이해와 함께 또 한 가지 잘못된 것이 있다. 민주주의와 자유의 분리다. 현재 집권세력은 자신을 과시하는 신성의 깃발로 민주를 앞세우지만 자유는 헌신짝 다루듯 하고 있다. 아니 아예 자유민주에서 자유를 삭제하는 데 혈안이다. 자유 없는 민주가 있기는 있다. 프롤레타리아 민주주의, 소비에트 민주주의, 인민민주주의 따위들이다. 그런 민주가 무엇을 뜻하는지 보여주는 사례도 있다. 시진핑이 사실상의 황제로 등극한 중공과 김가 일족 삼대 지배체제의 북한도 국호에 민주주의라는 이름을 붙여놓고는 있다. 자유가 떨어져 나간 민주는 결국 그렇게 압제 체제를 포장하는 기만적 장식물로 전락하게 마련이다. 자유와 이별한 민주는 자신도 파괴하고 반민주가 돼 버리고 만다.

자유민주체제의 영혼은 자유다. 자유야말로 자유민주체제의 머리임과 동시에 심장이다. 자유민주체제의 주인은 자유이며 민주는 자유를 위한 집(형식, 정체政體)이다. 집 없는 노숙은 고통이며 안정적 생존을 보장하지 못한다. 자유는 민주라는 집을 필요로 한다. 그러나 자유가 떠나 빈집이 돼 버린 민주는 더 이상 살만한 집으로 남아있지 못하게 된다. 주인이 떠난 집에는 원치 않는 불청객이 깃들게 되니, 가장 흔히 찾아드는 것은 사기꾼과 도적들이다. '민중'을 앞세워 그럴듯한 달콤한 말을 떠들어대며 세상을 속이고 훔치려는 무리들이다. 그들은 인간의 얼굴을 했지만 사실은 악령이다. 자유가 떠나버린 민주라는 집은 그렇게 사기꾼과 도적의 소굴이 되었다가 결국에는 악귀들만 남는 흉가가 된다.

민주는 자유의 보금자리다. 그러나 개인의 삶이 그렇듯 자유민주체제의 국가라 해도 처음부터 좋은 집을 바랄 수는 없다. 지하 단칸방이나 옥탑방에서 시작하지만 땀 흘린 노력으로 점차 부를 쌓아가며 더 좋은 집을 갖는 것처럼 자유체제의 보금자리 민주도 그렇게 성장하는 가운데 점차 나아지는 것이 이치다.

금수저가 아닌 다음에야 처음부터 고래 등 대궐 같은 집이나 펜트

하우스를 바랄 수는 없는 것이다. 그런데 희한하게도 정치적 문제로 오게 되면 왜 처음부터 그런 집을 만들어주지 않았느냐고 따진다. 겨우 보금자리를 마련하고 또 지켜낸 이에게 그따위를 집이라고 만들었느냐, 관리를 그렇게밖에 못했느냐고 따진다. 그리고 온갖 간난신고를 다 겪어가며 살림을 일으키고 드디어는 내 집 마련을 이룩한 이에게 이전에는 그럼 왜 셋방살이 고생을 시켰느냐고 따진다.

이승만과 박정희 시대 한국의 민주정치는 분명 선진국, 또는 오늘의 한국인들이 당연시하는 수준에 미치지 못한다. 하지만 그런 시대였어도 대한민국이 건국 때 선택한 자유민주체제의 기본 원칙은 지켜졌다. 당시의 민주정치 구현 수준은 낮았지만 그 시대의 정치가 아무리 나빴다 해도 소위 조선민주주의인민공화국이 달고 있는 '민주'라는 간판의 기만성에는 비할 바가 아니다. 아무리 독재라 질타한다 해도 히틀러, 스탈린, 마오쩌둥 등 독재자의 반열에 끼워줄 만큼은 못된다.

자유의 이념이 번영을 예약했다

오늘날 한국인들은 '자유'를 당연시한다. 온갖 난장의 자유를 누리면서도 정작 '자유의 삭제'에는 아무런 긴장을 갖지 않을 만큼 당연시하고 있다. 그러나 이 '당연한' 자유를 한반도에서 살아가는 사람들 모두가 누리고 있는 것은 아니다. 자유는 한반도 휴전선 이남에만 존재한다. 그런데 이 절반만의 자유도 늘 있었던 것이 아니다. 지금 남쪽 5천만이 누리고 있는 자유에는 분명한 생일이 있다. 1948년 8월 15일이다. 지금 우리가 자유를 누리며 살아가고 있는 것은 바로 그날이 있었기 때문이다.

1948년 8월 15일 대한민국의 건국과 함께 한반도에 자유가 강림했다. 자유를 이념으로 한 대한민국이 건국되면서 한반도 역사상 최초로 구체적 제도와 체제로서의 자유가 모습을 드러냈다. 대한민국의 생일은 동시에 한반도에서의 자유의 탄생일이다.

다른 모든 나라의 자유의 역사와 마찬가지로 우리의 경우도 쉬운 과정이 아니었다. 해방에서 대한민국 건국까지의 3년, 격렬한 정치적 진통이 이어졌다. 해방의 감격에 뒤이은 소박한 민족주의적 열망이 팽배했던 때였다. 어떻든 남북 단일 하나의 정부를 세워야 한다는 분위기가 있었다. 그러나 그 당연한 소망에도 불구하고 절대로 피할 수 없는 선택의 문제가 있었다. 우리 민족이 앞으로 어떤 이념과 체제로 살아갈 것인가의 선택이었다.

그것은 아무래도 좋은, 편한 대로 택하거나 사이좋게 조화시킬 수 있는 그런 선택이 아니었다. 운명을 건 선택이요 양립 불가능한 생사의 선택이었다. 이후의 역사가 그것을 증명했다. 북한은 결국 현존하는 지옥도가 되었지만 대한민국은 유례없는 번영의 길로 나아갔다. 북한은 '공산'을 택했지만 대한민국은 '자유'를 택한 결과였다.

자유의 요체는 소유권이다. 자기 자신 그리고 자신의 소산에 대한 침해를 받지 않는 온전한 소유가 곧 자유다. 소유권은 경제적으로는 재산권이며 재산권의 보장은 자유 보장의 핵심이다. 때문에 자유를 보장하는 정치체제는 경제적으로는 자유시장경제체제가 된다. 북한은 그 반대편의 길을 선택했지만 대한민국은 그 길을 택하고 원칙을

지켰다. 그 선택이 운명을 갈랐다.

기적은 어떻게 시작되고 진행되었는가

우리 현대사는 경제사로 정리하자면 두 단어로 요약된다. 기아飢餓와 기적奇蹟이다. 해방 후 한반도에는 그 각각을 대표하게 될 두 개의 정치체政治體, body politic가 태어났다. 기아를 대표하는 것은 북한, 기적을 대표하는 것은 대한민국이다. 대한민국의 경제사도 그렇게 요약된다. 대한민국의 역사는 기아에서 기적으로 나아간 역사였다. '한강의 기적'이다.

　대한민국은 천국은 아니다. 그러나 원래 지상에 천국은 없다. 대한민국은 흠 없이 완벽한 나라도 결코 아니다. 그러나 흠 없는 나라는 없다. 모든 나라의 모든 역사에는 영광과 더불어 오욕과 상처가 함께 하고 있다. 대한민국도 마찬가지다. 온갖 난관을 뚫고 태어나 격통의 과정을 밟아 오늘에 이르렀다. 하지만 지금 대한민국은 우리 민족 역사상 가장 풍요롭고 국력이 충실한 나라가 돼 있다. 그 시작이 1948년 8월 15일이었다.

　이념의 선택이 그 운명적 길을 예비했다. 북한이 선택한 사회주의는 기아의 숙명적 예약이었고 대한민국이 선택한 자유민주주의는 기적을 향한 약속이었다. 그런 점에서 이승만 대통령이 이끈 자유민주 대한민국의 건국은 그 자체로 예언적 위업이다. 하지만 어떤 예언적 약속이든 그 실현은 당대를 살아가는 인간들의 땀의 몫이다. 그 한복판에 박정희 대통령이 있었다.

국가적으로 경기 부침이 어떠하고 개인적으로 편차가 어떠하든 현재 한국인은 근본적으로 풍요 속에서 살아가고 있다. 대한민국이 세워질 때의 선택 자체가 그 성취에 대한 예언이었지만 그것은 열망할 수는 있어도 누구도 자신 있게 예감할 수는 없었다. 그런데 박정희는 감히 예감할 수 없었지만 모두가 열망했던 번영의 길로 한국을 이끌었다.

그 박정희는 5·16으로 등장했다. 자유민주 대한민국의 건국을 이끌었던 이승만 대통령이 4·19로 물러나면서 한국은 정치적 혼란과 위기를 맞게 되었다. 5·16으로 등장한 박정희가 그 혼란과 위기를 수습했고 이후 박정희는 대한민국의 자유민주라는 건국 이념이 예비했던 번영의 길로 본격적으로 들어서게 했다.

5·16은 쿠데타라 일컬어진다. 그 지칭에는 부정적 뉘앙스가 있다. 민주를 앞세우는 자들은 박정희를 그렇게 등장부터 폄하하고자 한다. 그러나 어떻게 평가하고 어떤 유감을 품든 한국인들이 그토록 갈망했던 번영을 향한 첫걸음은 거기서 시작되었다.

02

5·16 전후,
박정희 등장의 정치사적 의미

3·15 부정선거는 대통령 선거 부정이 아니다. 그런데…

4·19의 직접적인 원인은 3·15 부정선거였다. 그런데 3·15 부정선거는 이승만이 당선된 대통령 선거의 부정이 아니었다. 당시 선거는 미국 대통령 선거와 같이 부통령이 대통령의 러닝메이트로 출마하는 단일의 대통령 선거가 아니라 대통령과 부통령을 각각 선출하는 분리 선거였다. 그래서 정·부통령 선거였다. 이승만은 당시 대통령 선거에서 단독 후보였다. 야당 후보였던 조병옥이 사망했기 때문이었고, 이승만의 대통령 당선은 이미 확정된 셈이었다.

따라서 3·15 정·부통령 선거에 대한 관심의 초점은 부통령 선거일 수밖에 없었다. 애초 대통령과 부통령을 분리해 선출토록 한 것부터가 야당의 요구를 수용한 것이었다. 고령이었던 이승만 대통령이 임

1960년 4월 6일 서울 종로에서 3·15 부정선거 규탄대회(야당), '정·부통령 선거 다시 하라' 구호 등장

기 중 사망할 경우를 염두에 두고 대통령 승계권을 가진 부통령을 분리해서 선출하도록 한 것이었다. 3·15 선거 당시 이승만은 이미 85세의 고령이었다. 그런 만큼 부통령 선거가 중요할 수밖에 없었다.

야당인 민주당은 대통령 후보도 없었던 만큼 부통령 선거에 모든 것을 걸었다. 사활이 걸린 사정은 여당인 자유당도 마찬가지였고, 결국 3·15 부통령 선거에서 부정선거를 자행했다. 그리고 그 결과 4·19를 맞게 되었다. 하지만 어떻든 간에 엄밀히 말하자면 3·15 부정선거의 핵심 문제는 당연히 부통령 선거 문제였다. 하지만 4·19 학생 시위에 편승한 야당은 곧바로 "정·부통령 선거 다시 하라"라는 구호를 내걸었다. 선동이었다.

3·15 부정선거와 그 결과 발생한 4·19의 유혈 사태 등에 대해 이승만의 포괄적인 정치적 책임이 없다고는 할 수 없다. 그러나 3·15 부정선거는 어쨌든 부통령 선거 문제였던 만큼, 이승만 단독 후보의 당선이 확정된 대통령 선거를 다시 하자고 할 문제는 아니었다. 그럼에도 야당은 정·부통령 선거 모두를 다시 하자고 한 것이다.

아무리 정당성을 갖는 혁명이라 해도 선동은 늘 경계되어야 한다. 선동의 정치가 절제의 고삐를 풀게 되면 또 다른 후유증을 낳기 때문이다. 특히 '다른 방향'으로 치달을 잠재요인이 있을 때는 더욱 그러하다. 4·19 이후의 양상은 어떠했는가?

4·19 직후의 혼란

무엇보다도 경제 상황이 참담했다. 1960년의 경제성장률은 2.3%로, 4·19 한 해 전인 1959년의 경제성장률 5.2%의 절반에도 미치지 못하는 수치였다. 성장률의 급락은 당연히 고용 상황에 대한 충격으로 이어졌다. 당시 노동인구는 1천만 명 남짓이었는데 이중 240만 명이 완전 실업자였으며 잠재실업자도 200만 명에 달했다. 노동인구의 거의 절반이 직업 없이 하루하루의 생활을 걱정해야 하는 상황이었다. '전국실업자협회'가 결성되어 활동할 정도로 실업 문제는 극심했다.

그런데 성장률은 급락하고 실업 문제는 심각한 상황으로 치닫고 있음에도 물가는 무려 38%나 올랐다. 설상가상으로 1961년 봄에는 농업위기로 식량난이 발생하였고 1961년 3월 당시 총 2만 7,456가구가 정부의 구조 없이는 당장 굶어죽게 될 형편이었다.

정치적 격변이 경제에 충격을 주고 상흔을 남기게 되는 것은 어느 정도 피할 수 없는 일이기는 했다. 4·19 이후 7·29 총선으로 민주당 정권이 출범하기까지는 반년 이상이 지나갔으니 당시의 경제적 난맥상을 막 시작한 민주당 정권의 탓으로 돌릴 수는 없다. 하지만 여하튼 정권 출범 이후의 책임은 이제 새로운 정부에 있었다.

가장 긴급한 과제가 민생문제 해결임은 긴 설명이 필요치 않았다. 비상한 조치와 노력이 필요했다. 장면 총리는 정권 출범과 더불어 '경제제일주의'를 내걸었다. 그러나 장면 정권은 경제발전 계획을 만지작거리고만 있을 뿐 경제난 수습에 전혀 역량을 발휘하지 못하고 있었다. 경제가 주저앉고 민생은 악화일로를 치닫고 있음에도 정치·사회적 상황은 이에 아랑곳하지도 않은 채 흥분과 혼란을 계속 이어가고 있었다.

장면 정권 시기 신문사, 통신사 등 수많은 언론사들이 우후죽순으로 생겨나 1,500여 개를 헤아렸다. 이들은 대부분 비리를 폭로하겠다고 협박해 돈을 뜯는 사이비 언론기관으로 사회혼란을 더욱 부추기기만 했다. 사회적 혼란이 거듭되는 가운데 정치적으로 또 다른 위험 신호가 나타나기 시작했다. 6·25전쟁을 거치며 숨을 죽이고 있던 좌익적 주장들이 4·19 직후의 혼란 속에서 기회를 포착하고 다시 고개를 들기 시작한 것이었다.

민주혁명 4·19, 그러나 학생들은 민주에는 관심이 없었다

혁명은 이성으로 시작되었다 해도 이성을 넘어 내달리기 일쑤다. 이성이 행동력을 얻기 위해선 감성을 만나야 하며 그래서 원하든 원하지 않든 감성의 고삐를 풀어버리게 된다. 그렇게 고삐에서 풀려난 감성은 거의 언제나 최초에 주문되었던 선 이상으로 나아가 버린다. 그리고 어느 순간부터는 감성적 행동이 사후 합리화를 요구하고, 혁명은 그렇게 행동을 변호하는 가운데 논리가 급진화한다. 모든 혁명적 격변의 일반적 속성이다.

'4·19 직후'가 그런 속성에서 예외적이어야 할 이유는 없었다. 요구의 더 많은 분출과 그에 동반한 소란은 어느 정도는 자연스러운 일이었다. 민주주의의 정상화를 요구한 민주혁명이었던 만큼 민주주의의 더 철저한 실현 요구와 그에 따른 진통이 예고되어 있었다. 그러나 4·19 이후의 분출과 진통의 양상은 통상적으로 예상될 수 있었던 것과 달랐다.

> "4·19 직후에는 어떻게 하면 부정부패를 척결하고 민족통일을 실현할 것인가 하는 문제를 중심으로 학생들 간에 토론이 활발했습니다. 4·19는 자유당 독재와 3.15 부정선거에 의해 촉발되었기 때문에 민주주의를 실현해야 한다는 문제의식을 가질 수밖에 없는데도, 그 당시에는 민주화 문제에 대해서는 심각하게 고민했던 것 같지 않습니다."[2]

---

2 이영훈·안병직, 『대한민국 歷史의 岐路에 서다』, 서울: 기파랑, 2007.

4·19는 독재와 부정선거에 맞선 민주주의를 위한 혁명으로 규정된다. 그렇다면 4·19 이후의 중요한 정치적 관심은 민주주의를 어떻게 정착시키고 안정화시킬 것인가로 모아졌어야 할 것이다. 그러나 4·19 이후 학생 사회에서 붐boom 을 이룬 것은 민주주의가 아니라 통일 논의였다.

1960년 11월 1일 서울대학교에서 '민족통일연맹(민통련)'이 출범했다. 민통련은 1961년 5월 3일 "가자 북으로 오라 남으로"를 내걸고 '남북학생회담'을 제의했다. 그리고 1961년 5월 무렵까지 서울과 지방의 18개 대학에 민통련이 결성되었다.

이 같은 상황이 '민주혁명 4·19'의 당연하고도 건강한 발전일까? 혁명적 격변의 급진화 경향은 일반적이기는 해도 대개의 경우는 본래의 요구가 격화되는 것이 통상적이다. 단, 다른 어떤 요인이나 작용이 없을 때 그렇다. 4·19 이후 통일 논의가 붐을 이룬 것은 자연스러운 논리적 귀결이 아니었다. 그 배경에는 4·19 이후 느슨해진 상황을 틈타 다시 고개를 들기 시작한 좌익 세력의 움직임이 있었다.

대한민국은 6·25라는 혈전을 치르며 공산세력의 침략으로부터 나라를 지켜냈다. 전쟁은 비극이었지만 좌익 세력은 6·25를 거치며 한반도의 남쪽 대한민국에서만큼은 일단 몰락했었다. 하지만 그럼에도 잔존 세력들은 남아 있었고 대학가를 비롯한 지식계층에는 좌익적 사조에 감염되기 쉬운 풍조가 상존하고 있었다. 이른바 '진보적'이어야 지식인다운 것으로 여기는 풍조는 지금이나 그때나 마찬가지였다. 이렇게 잠재되어 있던 '요소'가 4·19 이후의 때를 만나 다시 발호하기 시작했던 것이다.

통칭 '혁신계'라 칭해진 그런 세력들이 정치적 움직임을 본격화했다. 4·19 이후 치러진 7·29 총선에 사회대중당, 한국사회당, 혁신동지총연맹 등이 참여했다. 단일정당이 아니었던 탓에 총선에서 큰 성과를 거두지는 못했지만 혁신계는 이후에도 정치적 움직임을 늦추지 않았다. 그들이 가장 중요시한 것은 통일운동이었다.

좌익들의 의도적 책동

사실 당시 학생들이 처음부터 곧바로 통일 논의로 기울어진 것은 아니었다. 처음 나타난 움직임은 차라리 소박하다고도 할 만했다. 서울대학교 학생회가 중심이 되어 전개한 '새 생활운동'이 그런 경우였다. 관용차량의 사사로운 이용 반대, 양담배 안 피우기 운동, 질서 지키기 운동, 공명선거추진운동 등이 주요 내용이었다. 조금 더 '차원 높은' 논의가 없었던 것은 아니었다. 한국의 후진성을 어떻게 극복할 것인가를 목표로 하는 '근대화 연구 활동'이 그것이었다. 문리대 사회학과나 상대 경제학과 등이 그 움직임을 주도했다.

물론 그 움직임의 중심에는 1950년대 후반 서울대에 등장했던 '이념써클'들이 있었던 만큼 단순하게 평가할 수는 없다. 이들 이념써클은 사회민주주의에 관심을 갖는 등 이른바 '진보적' 성향을 띠고 있었다. 1958년 1월 '류근일 필화 사건'[3]으로 일반에도 널리 알려진 신진회의 경우가 그런 면모를 보여준 사례다. 진보적 관심이 결국에는 본격적인 좌경화로 이어질 여지가 다분했다. 하지만 그때까지만 해도 아직은 아니었다. 자유민주체제를 전제로 한 근대화론, 후진국 발전론 등이 논의의 주류였다.

그러나 얼마 지나지 않아 대학가에는 새로운 흐름이 등장해 기왕의 그런 움직임 모두를 압도하고 삼켜버렸다. 통일운동이 바로 그것이었다. 7·29 선거 이후 그 같은 움직임이 본격적으로 대두되었다.

당시 통일운동의 논리는, 한국이 겪는 모든 어려움의 근원은 외세가 몰고 온 분단이기 때문에 독재정권을 타도한 열정으로 민족 발전을 저해하는 38선 타파에 적극 나서는 것이 시대를 바로 사는 청년운동의 길이라는 것이었다. 서울대학교 민통련은 그 논리에 입각해 결성된 조직이었는데, 당초 '근대화 연구 활동'을 주요 내용으로 했던 모임들도 결국 이 통일운동 조직에 참여했다.

이 같은 사태 전개가 어떤 의미를 갖는 것인지 이해하기 위해서는 당시 상황의 한복판에 있었던 인사의 증언을 들어볼 필요가 있다. 4·19세대 주역의 한 사람이었던 이영일 전 의원의 회고가 그런 증언의 하나이다. 이영일은 광주일고를 나와 1958년 서울대 문리대에 진학했으며 4·19 혁명 당시에는 정치학과 3학년이었다. 그는 당시 상황에 대해, 4·19 혁명 56주년을 맞이한 2016년 4월 19일 제62회 이승만 포럼에서 다음과 같이 밝혔다.

---

3 1957년 12월 9일 자 문리대 학생신문에 당시 서울대 정치학과 2학년이었던 류근일이 '우리의 구상'이라는 글을 게재했는데, 이 글의 마지막 구절은 "전체 무산(無産)대중은 단결하라!"였다. 이 때문에 류근일은 동대문서(署)로 연행되어 조사를 받았다. 류근일은 신진회라는 학생 써클 소속이어서 신진회 회원을 비롯한 관련자들도 대거 조사를 받았다. 그러나 류근일만 기소되고 다른 이들은 모두 풀려났으며, 류근일도 1958년 4월 3일 무죄선고를 받았다. 이 사건은 흔히 '대학생 필화 사건 1호'로 일컬어진다.

"4·19 당시 젊은 학생들은 대통령으로서의 이승만 박사는 알지만 그분이 독립운동과 건국을 위해, 한국전쟁과 휴전과 한미방위 동맹을 위해 어떻게 기여했는가를 바로 알고 있는 사람들은 거의 없었다. 바로 이 무지의 공간을 파고든 것이 친북좌파들이었다. 이승만 박사 때문에 적화통일이 안된 것을 몹시 애통해했던 친북공산주의자들이 나서서 4·19 이후의 혼란을 틈타 반 이승만 모략책동을 치밀하게 펼쳤다."

이영일은 덧붙여 통일운동을 들고 나온 서울대 민통련에 대해 이렇게 증언하고 있다.

"4·19 직후 민족통일연맹이 결성된 후 필자(이영일)는 민통련의 선전위원장으로서 활약했는데 이때 한국의 각지에 잠재되어 있던 공산분자들이 제철을 만난 듯 민족통일연맹운동에 날파리 떼처럼 몰려들었다. 이들 중에는 민청학련 사건(전국민주청년학생총연맹 사건)에 관련되어 사형당한 사람도 끼여 있지만 이름은 밝히지 않는다. 이들이 맨 먼저 들고 나온 주장은 이승만의 건국노선을 소남한단정小南韓單政 노선이라고 맹공하였다. 나는 처음 듣는 이야기였다. 김구金九 선생 중심으로 통일되었어야 할 나라가 이승만이 미국과 짜고 남한만의 단독정부를 수립했기 때문에 통일이 안 되고 한반도에 두 개의 분단국가가 세워졌다는 것이다. 매우 그럴듯한 소리였다. 이 주장이 허구였음을 내가 깨닫는 데 반세기가 흘렀다."

이영일은 4·19세대 주역의 한 사람일 뿐 아니라 그 이후 결성된 통일운동 조직 서울대 민통련의 핵심 당사자인 한 명이었다. 그런 그가 당시의 통일운동에 대해 "무지의 공간을 파고든 것이 친북좌파들"이었으며 "한국의 각지에 잠재되어 있던 공산분자들이 제철을 만난 듯 민족통일연맹운동에 날파리 떼처럼 몰려들었다"라고 증언하고 있다.[4]

혁신계와 대학가, 보조를 맞추다

이렇게 '잠재되어 있던 공산분자들이 제철을 만난 듯 몰려들었던' 통일운동은 다음과 같이 전개되어 갔다.

1960년 9월 15일 　'민족자주통일중앙협의회(민자통)' 준비위원회 결성

1960년 12월 6일 　사회대중당, 민주적 평화적 조국통일촉진방안 발표

1961년 2월 13일 　혁신계 신문 「민족일보」 창간

1961년 2월 14일 　통일사회당과 사회대중당, 혁신당 등 14개 정당 및 사회단체들, '한미경제협정 반대 공동투쟁위원회' 결성

1961년 2월 25일 　'민족자주통일중앙협의회' 결성, 남북협상 주장

그런데 「민족일보」 창간 하루 전인 1961년 2월 12일 서울시내 7개

---

4 「뉴데일리」, 2016.04.26., "이승만 박사와 4·19와 나."

'가자 북으로, 오라 남으로' - 민족자주통일중앙협의회 회원들이 남북학생회담 지지 군중대회가 끝난 후 현수막을 들고 시위를 벌이고 있다.

대학 민통련이 '전국 한미경제협정 반대 전국학생투쟁위원회'를 결성했다. 그리고 이틀 뒤 2월 14일 혁신계는 7개 대학 민통련의 주장을 그대로 받아 '한미경제협정 반대 공동투쟁위원회'를 결성했다. 대학가와 혁신계가 주거니 받거니 보조를 맞추고 있었던 셈인데, 이 같은 움직임은 이후 더욱 박차가 가해졌다. 서울대 민통련이 1961년 5월 3일 남북학생회담을 제의한 이틀 뒤인 1961년 5월 5일, 전국 18개 대학 대표가 참석한 가운데 '민족통일전국학생연맹 결성준비대회'를 개최하고 공동선언문이 발표됐다.

혁신계는 대학가의 이 같은 움직임에 적극 호응했다. 혁신계 조직인 민자통은 대학가 민통련의 움직임에 적극 호응하여 1961년 5월 13일 서울운동장에서 '남북학생회담 환영 및 통일촉진 궐기대회'를 개최했다. 4만여 명의 시민과 학생들이 참석한 가운데 대회는 '남북학생회담의 전폭적 지지', '남북 정치협상 준비' 등 6개항의 결의문을 채택하고 시위를 했다. 구호는 역시 "가자, 북으로! 오라, 남으로!"였다.

　이 시위는 전국으로 확산되는 조짐을 보였다. 부산(5월 13일), 광주(14일), 대전(14일) 등으로 시위가 이어졌고 전주 16일, 대구 17일로 시위가 예정되어 있었다. 하지만 그 시위는 열리지 못했다. 1961년 5월 16일 제동이 걸렸기 때문이었다. 5·16 군사혁명이 일어난 것이다.

'식민지·반半식민지의 민족해방투쟁'이라니!

1961년 5월 5일 '민족통일전국학생연맹 결성준비대회' 선언문은 다음과 같은 내용을 담고 있었다. "세계사적 현 단계의 기본적 특징은 식민지·반半식민지의 민족해방투쟁의 승리"라고 규정하고, "식민지적·반식민지적 반半봉건성의 요소"를 척결하고 "민족·대중세력은 매판관료세력을, 통일세력은 반反통일 세력을, 평화세력은 전쟁세력을 압도"하여 통일을 실현시켜야 한다는 것이었다.

　이 같은 내용은 당시 대학가와 혁신계의 정치 인식 뿌리가 어디에 닿아 있는지 보여주는 단적인 증거다. '식민지·반식민지의 민족해방투쟁' 운운은 거슬러 올라가 레닌의 제국주의론과 스탈린의 민족 전략에 기원을 둔 소련의 세계 적화 전략의 일환으로 제기된 것이었으며, 소련을 종주국으로 한 북한 공산세력의 대남전략의 핵심이기도 했다. 당시 남한을 식민지·반식민지로 규정짓고 민족해방투쟁이 필요하다고 한다면 그 투쟁 대상은 미국이 된다. 따라서 선언의 내용은 반미 투쟁을 주창하는 것과 다름없었다.

민족주의 정서는 지금도 그렇지만 당시에도 강력했다. '통일'이라는 구호도 그래서 위력을 행사했다. 그러나 거기에는 비수가 숨겨져 있다. 이념을 달리하는, 더욱이 혈전을 치른 두 개의 적대적 체제 사이에 협상을 통해 '평화통일'을 하자는 것은 감상이나 기만, 둘 중의 하나일 수밖에 없다. 남쪽에 낭만적 감상이 있었다면 북한에는 그 것을 파고드는 대남전략이 있었다. 그 실상을 말해주는 자료 하나가 2013년 1월 17일 미국에서 공개되었다. 미국의 공공 싱크탱크의 하나인 우드로 윌슨 센터(이하, 윌슨 센터)[5]가 밝힌 것인데 주요 내용은 다음과 같다.

김일성, 4·19 직후 북한 주도 통일 노리고 남한 진보단체 접촉 시도했다

"북한의 김일성이 1960년 4·19 혁명 직후 북한 주도의 남북통일이 가능하다고 판단, 실제로 대남전략 추진에 들어갔다."

"김일성이 '남한 문제에 대한 발 빠른 정책 결정을 위해 남한문제중앙국CBSKI을 설립했다'고 말했다"

---

5 Woodrow Wilson International Center for Scholars, https://www.wilsoncenter.org/

"CBSKI 설립은 남한 내 지하조직을 부활시키고 평화통일 선전 작업을 위한 것이다."

"남한 출신의 인민군 10만 명 가운데 일부를 통일 인력으로 양성하기 위해 공산대학을 설립했다."

"당시 북한 지도부는 4·19 혁명이 진정한 계급혁명으로 발전하지 않을 것으로 봤지만 학생조직이 약점을 보완하고 있다고 보고 남한 내 진보단체와 접촉을 시도했다."

"김일성은 당시 북한이 정치·경제적으로 남한보다 안정돼 있기 때문에 북한 주도 통일이 가능할 것으로 자신했다."

"김일성을 비롯한 북한 지도부는 4·19 혁명 직후 남북통일이 가능성의 단계가 아니고 실제로 임박한 것으로 판단했다."

윌슨 센터는 옛 소련의 평양 주재 대사였던 알렉산더 푸자노프 Aleksandr Mikhailovich Puzanov, 1906~1998가 1960년 3월부터 12월까지 작성한 20건의 저널(개인 기록)을 분석하였고, 이를 통해 보고서를 작성, 상기한 내용을 밝혀내었다.[6] 물론 이것은 간접 증언, 정황 증거이며 북한이 자신의 의도를 관철시키기 위해 행한 행위의 직접 증거는 아니다. 그러나 당시의 사태 전개 양상은 북한의 '희망'과 '의지'를 짐작하기에 부족함이 없는 모습을 보이고 있다.

---

6 North Korean Perspectives on the Overthrow of Syngman Rhee, https://www.wilsoncenter.org/publication/north-korean-perspectives-the-overthrow-syngman-rhee

김일성의 1960년 8·15 경축사

4·19 혁명 이후 7·29 총선을 치른 지 한 달도 되지 않은 1960년 8월 14일, 김일성은 하루 앞서 발표한 8·15 경축사에서 지금까지 이어지는 대남전략상의 매우 중요한 정책 하나를 처음으로 제기했다. 바로 '연방제통일 방안'이었다. 북한이 남북연방제통일 방안을 내건 것은 이때가 최초였는데 이후 이 연방제통일 방안은 북한의 기본 입장으로 확립되었다.

북한의 연방제 방안은 근본적으로 북한이 북한 정권 수립 이래 일관되게 견지해온 '남조선 해방과 전全 조선 혁명화'의 기본 방책(민주기지론)에 입각한 것이었다. 북한을 한반도 전체 적화를 위한 기지로 튼튼히 육성하여 그 힘을 바탕으로 남조선을 해방한다는 것을 기본으로 하면서도 그 조건을 용이하게 하기 위해 남한에 대한 교란 전략을 더하는 방책이었다.

일찍이 레닌은 '민족 식민지 문제에 대한 테제'에서 "강력한 공산 국가와 비공산 민족국가가 과도적 형태의 연방제를 거쳐 프롤레타리아의 완전 통일국가에 도달한다"라고 규정한 바 있다. 김일성의 연방제 방안은 이 지침을 바탕으로 하여 한반도의 현실에 맞게 구사하고자 한 남한 적화의 실천 수단이었다.

김일성이 이 같은 연방제 방안을 확립하고 내걸게 된 데에는 소련의 조언이 중요한 역할을 했다. 남한의 4·19 혁명 직후 한반도 정세를 논의하기 위해 1960년 5월 초, 쿠즈네초프 소련 외무성 부상이 북한을 방문했다. 그는 당시 김일성에게 "남조선 사람들이 갖고 있는 공산주의와 무력남침에 대한 공포증을 해소시키기 위한 방안으로 북남 정부 당국 간의 연방 형성 제안"을 권유하였다. 이에 김일성은 5월 20일 노동당 정치위원회에서 "연방제로 남조선을 끌어안아 소화시킬 수 있다"라고 지적하고 연방제 연구의 필요성을 제기했다. 그 후 약 3개월간의 연구를 거쳐 드디어 1960년 8월 14일 남북연방제 방안을 공식 제의한 것이다.

그 주요 내용은 "당분간은 북남조선의 현재 정치제도를 그대로 두고 조선민주주의인민공화국 정부와 남조선 정부의 독자적인 활동을 보존하면서 동시에 두 정부의 대표들로 구성되는 최고민족회의를 조직하여 주로 북남조선의 경제 문화 발전을 통일적으로 조절하는 방법을 실시하자"라는 것이었다.

이처럼 김일성이 당시 소련의 조언을 수용하고 연방제통일 방안을 적극 제기한 것은 남한에서 4·19 이후 무르익어가는 혁명적 정세의 성숙과 긴밀한 관련이 있다. 4·19 이후인 1960년 7월 29일에 행해진 남한의 총선에서 혁신계의 의석 확보가 꽤 성공한 상태였으며 민의원에 사회대중당 4명, 한국사회당 1명, 참의원에는 사회대중당, 한국사회당, 혁신동지총연맹이 각각 1명씩, 총 8명이 진출하게 된 것이었다. 물론 혁신계의 입장에서는 총선 전의 기대에 미치지 못하는 아쉬운 결과였다. 단일대오를 꾸리지 못한 탓이었다. 하지만 다른 한편으로 보면 놀라운 결과였다. 6·25를 거치는 동안 완전히 사멸한 듯 보였던 좌익 정치세력이 국회에 공식적으로 교두보를 갖게 된 것이다.

남한에서 좌익 정치세력이 다시 의석을 확보한 것은 이후 수십 년의 세월이 흐른 2004년이었다. 민주노동당은 이때 10석을 확보했는데

1960년 혁신계의 의회 진출 이래 실로 44년 만이었다. 어쨌든 1960년 당시 혁신계의 의석 수는 비록 2004년의 민노당에 미치지 못했지만 당시 그 영향력은 훨씬 더 컸다고 할 수 있다.

북한이 당시 남한의 그 같은 정세 전개를 예의주시하지 않을 리 없었다. '통일'을 외치는 혁신계가 드디어 의회 진출에 성공했고 한편으로 학생 사회에서는 통일운동 세력이 결집되고 있었다. 김일성이 1960년 8월 14일 8·15 해방 15주년 경축사에서 남북연방제통일 방안을 제기한 것은 바로 그 같은 흐름을 겨냥한 것이었다.

그 겨냥은 정확히 적중했다. 이후 남한에서는 혁신계와 그에 호응한 학생 세력들이 중심이 되어, 앞서 살펴본 바와 같이, 통일운동이 거세게 일어났고 1961년 5월 13일 '남북학생회담 환영 및 통일촉진 궐기대회'에는 수만 명의 학생 시민들이 "가자 북으로, 오라 남으로"를 외치게 된 것이다.

북한과 혁신계의 주문은 결국 용공容共이었다

지금도 그렇지만 더욱이 당시는 '통일'이라는 것이 거역할 수 없는 명분으로 자리 잡고 있던 시대였다. 그런데 지금이나 그때나 어떤 통일이냐는 게 문제였다. 이승만 시대 통일론은 북진통일이었다. 물론 그렇다고 실제로 당장 북한으로 쳐들어가자는 것은 아니었다. 사실 그럴만한 능력도 없었다. 모든 게 폐허인 상태였고 우선은 '회복'이 급선무였다. '북진'의 핵심적 함의는 한마디로 '반공'이었다. 북한 공산주의와는 결코 타협할 수 없다는 것이었다.

6·25전쟁 3년의 참혹한 체험은 북한과 공산주의에 대한 거부를 거스를 수 없는 대의가 되게 하였다. 해방공간 3년간만 해도 그 정도는 아니었다. 좌익도 자연스러운 존재였다. 미군정 당국까지 나서 '좌우합작'을 끊임없이 종용한 것도 이상한 일이 아니었다. 어떻든 한 민족인 만큼 '분단'을 막아야 한다는 논리도 설득력 있게 받아들여지곤 했다. 하지만 6·25전쟁 3년은 그런 분위기를 일소했다. 엄청난 고통을 안긴 전쟁이 북한 공산집단의 침공으로 일어났다는 점 때문만이 아니었다. 그들 공산세력이 자행한 행태를 겪으면서 '반공'은 이념과 논리 이전의 체험적 결론으로 굳어지게 됐다. '빨갱이'라는 비칭이 대중적으로 굳어진 것도 그런 정서의 상징이었다.

그러나 그럼에도 다른 한편으로는 이른바 '평화'라는 수식어를 앞세운 통일론이 행세를 할 수 있는 분위기도 상존했다. '통일'은 여전히 당위의 자리에 있었고, 전쟁의 참혹한 기억은 '반공' 만큼이나 '평화'라는 명분도 강한 힘을 갖게 했다. 그런데 여기에 약점이 있었다.

방법론상의 평화이지만 이것은 결국 북한 공산주의와의 타협이었다. 북한이 공산주의를 포기할 리 없는 만큼 이 같은 타협은 결국 남한이 반공이 아닌 용공容共을 하는 것일 수밖에 없는 것이었다. 평화를 앞세워 파고드는 것은 레닌 이래 공산세력의 기본 책략이었다. 그들은 힘이 된다고 생각할 때는 무력을 행사하지만 그게 여의치 않다고 판단할 때는 평화를 앞세워 정치공세를 펼치곤 했다.

지식층은 '진보'라는 이념과 '평화'라는 명분론에 현혹당하기 쉬운 기질적 취약점을 갖고 있었다. 그리고 대중들은 명분론적 기치 이면의 숨겨진 의도를 간파하기 어려웠다. 그래서 반공 정서의 일반화에도 불구하고 진통의 소지는 상존했다. 진보당 사건도 그런 경우였다. 조봉암은 1952년에 이어 1956년 진보당추진위원회를 결성하여 두 번째로 대통령 선거에 출마했다. 진보당은 민주사회주의·사회민주주의를 표방했으며 조봉암은 당시 대선에서 "혁신정치·계획경제·평화통일"의 3대 정강을 내걸었다. 조봉암과 진보당은 공산주의는 아니라는 점을 주장했으나 6·25전쟁 후 불과 3년 만임을 감안하면 매우 도발적이었다. 그럼에도 조봉암은 민주당의 신익희 후보가 선거 운동 도중 사망하자 그 표까지 흡수하여 상당한 득표로 2위를 하게 됐다. 이것은 '반공'의 입장에서 볼 때 매우 위협적인 상황이었다. 결국 조봉암은 1958년 국가보안법 위반 혐의로 체포되어 1959년 사형되었다.

이 같은 일련의 사태는 그 시시비비가 어떠하든, 평화와 그것을 앞세운 통일론 등이 어떻게 받아들여질 수밖에 없는지를 보여주는 것이었다. 북진통일론을 내걸고 반공을 분명히 했던 이승만 대통령과 자유당은 물론이고 이승만에 줄곧 맞섰던 민주당도 조봉암의 노선에 대해서는 거부하는 것이 기본적 입장이었다. 1956년 대선에서 조봉암이 대선후보 양보를 전제로 한 후보 단일화를 제안했지만 민주당이 거절한 것도 그 때문이었다. 민주당은 이승만의 반대편에 있었지만 반공이라는 입장은 동일했다. 민주당은 '평화통일'이라는 것이 결국에는 용공이 될 수밖에 없는 위험성이 있다는 것을 모르지 않았다.

4·19로 이승만이 물러난 뒤 민주당 장면 정권이 통일 문제와 관련해 선택한 '선先 건설 후後 통일' 노선은 그런 배경에서의 선택이었다. 그것은 한편으로는 이승만 시대의 북진통일론의 폐기였지만 다른 한

편으로는 결국에는 용공이 되는 게 불가피한 '조봉암-진보당' 식의
'평화통일-통일우선'도 안 된다는 의미이기도 했다.

반발에 부딪힌 장면 정권의 반공법 제정 시도

4·19 이후 혁신세력이 대두하며 불을 지핀 '가자 북으로 오라 남으로'
의 통일론은 민주당이 이미 거부했던 '조봉암-진보당' 노선의 또 다른
되풀이였다. 북한의 평화통일 공세는 그 흐름을 더욱 부추기고자 한
것이었다. 장면 정권이 김일성의 '연방제통일 방안' 제안을 즉각 거부
한 것은 당연했다. 장면 정권은 남북학생회담과 남북협상 등 대학가
의 통일운동에도 반대 입장을 분명히 했다. 그리고 뒤늦게나마 '데모
규제법'과 '반공임시특별법'[7]을 제정해 사태의 혁명적 발전을 차단하
려 했다.

당시 국민들은 이승만을 거부했지만 반공을 거부한 것은 결코 아
니었다. 통일은 당위적 과제이며 그 방법론은 평화적이어야 한다는
것이 명분을 갖고 있었지만 그렇다고 용공으로 가도 좋다는 것은 결
코 아니었다. 민주당 자신도 그런 입장이지만 국민 일반의 분위기도
그랬다. 민주주의의 안정화, 경제건설 등이 다수 국민의 바람이었다.

그러나 장면 정권이 시도한 반공법 등의 제정은 거센 반발의 벽에

---

7 5·16 직후인 1961년 7월3일에 반공법 제정이 이루어졌다. 그러나 반공법 제정을 최초로
제기한 쪽은 4·19에 뒤이어 집권한 민주당 정권이었다.

부딪혔다. 반대하고 나선 것은 혁신계 정당만이 아니었다. 민주당 구파가 떨어져 나가 따로 당을 만든 신민당의 일부와 반공 성향을 기본으로 했던 신풍회新風會[8] 까지도 반대 대열에 나선 것이다. 이들을 비롯한 30여 개 단체들은 1961년 3월 18일 대규모 시위를 벌이고, 기왕에 존재했던 보안법까지 문제 삼으며 전국적인 '악법반대투쟁위원회'를 결성했다. 그리하여 급기야 1961년 3월 22일 학생들과 혁신계는 횃불데모까지 감행해 경찰과 유혈 충돌마저 발생했다.[9]

당시의 시위는 지금의 시각으로도 충격적일 정도였다. 서울시청 앞에서 '2대 악법 성토대회'를 연 혁신계의 시위대는 뒤이어 '장 정권 타도'를 외치며 명륜동 장면 총리 집으로 몰려갔다. 여기서 이들이 외쳐댄 구호는 놀라운 것이었다. '남북회담'에서 시작해 '미군 철수'를 외치더니 드디어는 '김일성 만세'까지 터져 나왔던 것이다.

이 소식을 들은 윤보선 대통령은 경호차도 동반하지 않은 채 비서실장의 지프를 타고 와서 직접 현장에서 이 광경을 지켜보았다. 충격

---

8   민주당 정권의 내각 인선 과정에서 소외된 소장파들이 1961년 1월, 당권을 겨냥해 조기 전당대회 개최를 요구하며 25명을 규합해 만든 조직. 이철승, 김재순 등 해방공간 시기 반공학생운동 출신이 주축이었다.

9   1961년 3월 22일 서울시청 앞에서 벌어진 혁신계 단체의 야간 횃불시위에서는 수백 명이 횃불을 손에 들고 장면 국무총리 집을 향해 시가행진을 벌이며 데모규제법과 반공임시특별법 철폐를 주장하였다. 이때 혁신계의 횃불시위에서는 경찰차를 부수고 민간인 차량을 탈취하는 등 난동과 폭력이 난무했던 상황이었으며 횃불시위 사진은 당시 극심했던 사회의 혼란상을 여과 없이 보여주고 있다. 당시 횃불시위 사진과 내용은 「중앙일보」, 2015.03.16., "백운학 입에서 튀어나온 '혁명'... 거기서 민심을 읽었다... 백씨, 박정희에게 '20년은 갑니다'... 내가 '그 후는?' 묻자 침묵"; 김종필, 『김종필 증언록: JP가 말하는 대한민국 현대사, 5·16에서 노무현까지』, 서울: 와이즈베리: 미래엔, 2016 참조.

을 받은 윤 대통령은 다음 날인 3월 23일 장면 총리, 현석호 국방부장관, 곽상훈 민의원 의장, 백낙준 참의원 의장뿐만 아니라 신민당[10]의 김도연 대표, 유진산 간사장, 양일동 총무 등까지 청와대에 불러 함께 대책 회의를 열었다. 그러나 사태의 심각성에도 불구하고 의견은 하나로 모아지지 않았다.

윤보선 대통령은 장면 총리에게 거국일치내각을 구성하고 긴급조치권을 발동하여 사태 수습에 나설 것을 촉구했지만 장면 총리는 이를 받아들이지 않았다. 장면 총리가 윤보선 대통령의 거국일치내각안을 자신의 퇴진을 요구하는 구파의 책략으로 보고 반발한 때문이었다.[11]

결국 이날 회의는 단지 '현 시국이 위기'라는 진단만 있었을 뿐 어떠한 대책도 내놓지 못하고 끝났다. 사태는 급박했지만 그런 상황에서도 신·구파는 여전히 정쟁 중이었다. 혁신계를 필두로 한 움직임은 급진화를 넘어 이제 폭주의 양상까지 보이고 있었지만 민주당 정권은 그 흐름에 제동을 걸 능력이 없었다. 무엇보다도 자세가 돼 있지 않았다.

북한의 기대와 책동은 5·16으로 수포로 돌아갔다

시국은 그들의 진단대로 '위기'였다. 그것도 심각한 위기였다. 그러나

---

10 4·19 이후 민주당 정권 시절 민주당 구파가 분당하여 1960년 12월 14일 창당한 정당.

11 장면 총리는 신파였고, 윤보선 대통령은 구파였다.

민주당 정권은 사실상 수수방관이나 다른 없는 상태에 머물러 있었다. 그런 가운데 1961년 5월에도 '가자 북으로 오라 남으로'를 외치는 움직임은 계속 도를 더해가고 있었다. 대한민국의 체제에 위험신호가 울리고 있었다. 그런데 적신호赤信號는 '데모'만으로 나타나고 있는 것이 아니었다. 남한에 대한 북한의 간첩 침투 활동이 눈에 띄게 증가하고 있었다. 1960년 한 해만 해도 침투 간첩이 100명 넘게 체포되었고 심지어 '통일운동'을 한다는 인사들이 월북을 시도하는 일이 발생하기도 했다.

역사에 가정이 없다고 하지만 이 흐름이 계속 방치되었다면 어떻게 되었을까? 북한 김일성의 '희망'이 단지 희망으로만 그쳤을까? 윌슨 센터 보고서는 그에 대해 이렇게 결론 내리고 있다. 당시 4·19 직후의 북한의 대남전략 추진은 "결국 남한에서 군부 쿠데타가 일어나 수포로 돌아갔다"는 것이다.

5·16은 자유민주헌정을 파괴한 것인가 아니면 수호하고 재건한 것인가

5·16에는 항상 '군사'라는 수식어가 따라붙는다. 혁명이라고 부를 때도 군사라는 수식어는 거의 빠지지 않는다. 사실을 지칭하는 것일 수 있지만 대개의 경우 그 수식은 부정적 목적에서 붙여진다. 그러나 5·16을 두고 '군사', '쿠데타' 운운으로 부르든 말든 중요한 것은 그 역사적 의의다. 4·19 직후 정치는 혼란의 극을 보였고 내각제 성립 후 민주당이 정권을 잡았지만 국회는 민생은 아랑곳하지 않고 신파와 구

파 간 싸움으로 날밤을 지새웠다. 그리고 국회 밖에서는 '가자 북으로 오라 남으로' 구호에 '횃불 데모'가 난무했다.

4·19의 대의는 자유민주였다. 하지만 정작 그 직후 대한민국의 자유민주체제는 극심한 혼돈으로 치닫고 있었다. 거리에서는 붉은 적신호가 이미 노골화돼가고 있었지만 제도권 정치는 사태를 장악하지 못한 채 당략의 수렁 속에서 누더기가 되어가고 있을 뿐이었다. 이 모든 혼란은 5·16을 거치면서 수습되었다. 그렇다면 5·16이라는 소위 '군사 쿠데타'는 자유민주 헌정을 파괴한 것인가 아니면 수호하고 재건한 것인가?

장준하의 5·16 지지가 부당한가

"4·19 혁명이 입헌정치와 자유를 쟁취하기 위한 민주주의 혁명이었다면, 5·16 혁명은 부패와 무능과 무질서와 공산주의의 책동을 타파하고 국가의 진로를 바로잡으려는 민족주의적 군사혁명이다."

"혁명공약이 암암리에 천명하고 있듯이, 무능하고 고식적인 집권당과 정부가 수행하지 못한 4·19 혁명의 과업을 새로운 혁명세력이 수행한다는 점에서 우리는 5·16 혁명의 적극적 의의를 구하지 않으면 안 된다. 따라서 이러한 의미에서는 5·16 혁명은 4·19 혁명의 부정이 아니라 그의 계승, 연장이 되어야 하는 것이다."

5·16 직후 「사상계」의 발행인 장준하가 '5·16 혁명과 민족의 진로'라는 제목으로 게재한 권두언 중의 내용이다. 그는 박정희 시절 강력한 반대자의 한 명이었지만 5·16 직후에는 그렇게 '5·16 혁명'에 대해 강력한 지지 의사를 밝혔다. 당시 장준하의 입장이 부당하다고 할 수 있는가?

장준하의 「사상계」 권두언[12]

5·16 혁명과 민족民族의 진로進路

일 년 전—年前 우리나라의 젊은 학도學徒들은 그 꿈 많은 청춘을 바쳐, 부패와 탐욕과 수탈과 부정不正에 도취한 이승만독재정권李承晚獨裁政權을 타도하고 민주주의民主主義를 사경死境에서 회생시켰었다.

그러나 정치생리政治生理와 정치적政治的 행장行狀과 사고방식思考方式에 있어서 자유당自由黨과 본질적으로 다를 것이 없는 민주당民主黨은 혁명직후의 정치적政治的 공백기空白期를 기화로 지나치게 비대肥大해진 나머지 스스로 오만과 독선에 사로잡혀 정권政權을 마치 전리품戰利品처럼 착각하고, 혁명과업革命課業의 수행은커녕 추잡하고 비열한 파쟁派爭과 이권운동에 몰두하여 그 바쁘고 귀중한 시간을 부질없이 낭비해왔음은 우리들이 바로 며칠 전까지 목격해온 바이다.

---

12 「사상계」, 장준하, 1961년 6월호 권두언.

그러는 동안 국민경제國民經濟는 황폐화하고 대중의 물질생활은 더 한층 악화되고 사회적社會的 부富는 소수자의 수중으로만 집중하였다. 그 결과로 절망絶望, 사치, 퇴폐, 패배주의敗北主義의 풍조가 이 강산을 풍미하고 있었으며 이를 틈타서 북한北韓의 공산도당들은 내부적 혼란의 조성과 붕괴를 백방으로 획책하여왔다.

절정에 달한 국정國政의 문란, 고질화固疾化한 부패, 마비상태에 빠진 사회적社會的 기강紀綱 등 누란의 위기에서 민족적民族的 활로活路를 타개하기 위하여 최후수단으로 일어난 것이 다름 아닌 5·16 군사혁명軍事革命이다.

4·19 혁명革命이 입헌정치立憲政治와 자유自由를 쟁취하기 위한 민주주의혁명民主主義革命이었다면, 5·16 혁명革命은 부패와 무능과 무질서無秩序와 공산주의共産主義의 책동을 타파하고 국가의 진로를 바로잡으려는 민족주의적民族主義的 군사혁명軍事革命이다.

따라서 5·16 혁명革命은 우리들이 육성하고 개화開花시켜야 할 민주주의民主主義의 이념理念에 비추어 볼 때는 불행한 일이요, 안타까운 일이 아닐 수 없으나 위급한 민족적民族的 현실現實에서 볼 때는 불가피不可避한 일이다. 그러나 이번의 군사혁명軍事革命은, 단지 정치권력政治權力이 국민國民의 한 집단에서 다른 집단으로 넘어갔다는데서 그친다면 그것은 무의미한 것이다.

혁명공약革命公約이 암암리에 천명하고 있듯이, 무능無能하고 고식적姑息的인 집권당執權黨과 정부政府가 수행하지 못한 4·19 혁명革命의 과업을 새로운 혁명세력革命勢力이 수행한다는 점點에서 우리는 5·16 혁명革命의 적극적 의의意義를 구求하지 않으면 안 된다. 따라서 이러한 의미에서는 5·16 혁명革命은 4·19 혁명革命의 부정否定이 아니라 그의 계승繼承, 연장延長이 되어야 하는 것이다.

냉철히 생각할 때, 4·19 일년 만에 다시 정변政變을 보지 않으면 안 된 이 땅의 비상非常하고 절박한 사태에 대한 책임을 우리는 어느 한 정당政黨이나 개인個人에다만 전적全的으로 뒤집어씌움으로써 만족해서는 안 된다.

그 배후에서 또는 주변에서 사회적社會的 혼란混亂을 선동한 방종 무쌍했던 언론言論, 타락한 망국적亡國的 금력선거金力選擧, 이미 도박장으로 화化한 국회國會, 시세에 끌려 당쟁黨爭에만 눈이 어두웠던 소위 정객政客들에게도 책임이 적지 않으며, 보다 넓은 의미에서는 국민각자國民各自에도 다소를 막론하고 간접적 책임이 있음을 우리들은 준렬하게 자아반성自我反省하지 않을 수 없다.

5·16 군사혁명軍事革命으로 우리들이, 과거의 방종, 무질서無秩序, 타성惰性, 편의주의便宜主義의 낡은 껍질에서 자기탈피自己脫皮하여 일체의 구악舊惡의 뿌리를 뽑고 새로운 민족적民族的 활로活路를 개척할 계기는 마련된 것이다.

혁명정권革命政權은 지금 법질서法秩序의 존중, 강건한 생활기풍生活氣風의 확립, 불량도당不良徒黨의 소탕, 부정축재자不正蓄財者의 처리, 농어촌農漁村의 고리채정리高利債整理, 국토건설사업國土建設事業 등에서 괄목할만한 출발을 보여주고 있다. 그러나 누백년累百年의 사회악社會惡과 퇴폐한 습성習性, 원시적原始的 빈곤貧困이 엉크러져 있는 이 어려운 조건 밑에서, 정치혁명政治革命 사회혁명社會革命 도덕혁명道德革命을 동시에 수행한다는 것이 얼마나 어려운 일인가는 이해理解하기 어려운 일이 아니다.

여기서 우리는 혁명정권革命政權이 치밀한 과학적科學的 계획計劃과 불타는 실천력實踐力을 가지고 모든 과제를 해결해 나아갈 것을 간곡히 기대하는 동시에 동포들의 자각自覺있는 지지支持를 다시금 요청해서 마지않는 바이다.

불리不利한 지정학적地政學的 위치와 막다른 정치적政治的 한계상황限界狀況에서, 국제공산제국주의國際共産帝國主義와 대결하면서 자유自由와 복지福祉와 문화文化의 방향으로 국가國家를 재건再建하여야할 우리들의 민족적民族的 과업은 크고도 어렵다. 이제 모든 정치권력政治權力은 혁명정권革命政權에 집중되었고, 혁명정권革命政權은 민족백년民族百年의 운명을 그 쌍견에 짊어지고 있다.

무엇보다도 혁명정부革命政府는 우리사회를 첩첩히 억매고 있는 악순환惡循環의 사슬을 대담하게 끊어야한다. 그렇게 할 때 비로소 민정民政아닌 군정軍政의 의미意味가 있는 것이요, 혁명革命의 가치가 평가될 수 있는 것이다.

한편, 일체의 권력權力이 혁명정권革命政權에 집중되었기 때문에 권력權力이 남용되지 않도록 국가재건최고회의國家再建最高會議는 이에 만전의 대비책을 세워야 할 것이다. 본래 권력權力은 부패하기 쉽고 더욱이 절대권력絕對權力은 절대적絕對的으로 부패하는 경향이 있다함은 하나의 정치학적政治學的 법칙法則이다. 이러한 권력權力의 자기부식작용自己腐蝕作用에 걸리지 않고 오늘의 청신淸新한 자세를 끝까지 유지하기 위해서는, 국가재건최고회의國家再建最高會議는 시급히 혁명과업革命課業을 완수하고, 최단 시일 내에 참신하고 양심적良心的인 정치인

政治人들에게 정권政權을 이양한 후 쾌히 그 본연의 임무로 돌아간다는 엄숙한 혁명공약革命公約을 깨끗이, 군인軍人답게 실천하는 길 이외의 방법은 없는 것이다. 그렇게 될 때, 국군國軍의 위대한 공적은 우리나라 민주주의사상民主主義史上에 영원히 빛날 것임은 물론이거니와 한국韓國의 군사혁명軍事革命은 압정과 부패와 빈곤에 시달리는 많은 후진국국민後進國國民들의 길잡이요, 모범으로 될 것이다.

5·16은 귀족 군대의
권력 찬탈이 아니다

쿠데타든 혁명이든!

5·16을 지칭하는 공식적 표현은 쿠데타다. '쿠데타'는 '신성한 혁명'
에 대비되는 불법적 찬탈의 의미로 사용된다. '정변政變'이라고 칭하기
도 하는데 같은 의도이다. 그런데 혁명에 대한 낭만적 환상에 비추어
보면 낯설겠지만 예전 프랑스에서는 쿠데타coup d'État와 혁명revolution은
한때 동일한 의미로 사용되었다. 포장을 뜯고 보면 정치적 혁명치고
기왕의 법과 질서에 대해 맞서는 정변이 아닌 경우도 없다. 그렇지 않
다면 애초에 혁명이라 불릴 이유도 없다. 그러니 굳이 구분하여 애써
찬양과 폄하를 표하는 것은 큰 의미가 없다.

그래도 '신성해서 혁명'이고 '불순해서 쿠데타'라 한다면 '공포정
치' 이래 혁명을 표방한 모든 '유혈의 난장'이 그에 대한 답이 된다. 그

런 지옥도를 높여 부르는 것이 '혁명'이라면 그렇지 않았던 5·16에 붙여진 '쿠데타'란 칭호는 불명예가 아니라 차라리 명예다. 영국의 '명예혁명'은 유혈의 희생이 없었기에 그렇게 이름 붙여졌다 하니 '5·16 쿠데타'도 그렇다면 '명예혁명'이다.

'군사'를 비난의 용어로 사용해도 되는 것인가

그런데 쿠데타 운운보다 더 문제는 '군사'라는 말로 5·16을 비난할 수 있다고 여기는 발상이다. 대표적인 경우가 김영삼 정권의 '문민정부'라는 표현이었지만 그런 식의 의식은 한국 식자층 일반에 팽배한 것이기도 했다. 이것은 근본적으로 건강한 생각이 아니다. '문민'이라는 말로 정당성을 드러내고 '군사'라는 말로 부당성을 공격할 수 있다는 믿음은 우리 역사 특유의 정신적 악습의 하나인, 숭문주의崇文主義 중독증에서 비롯된 것일 뿐이다.

　근대든 전근대든 국가라는 정치체의 존재 의의는 안전보장에 있다. 그 안전보장은 내적으로는 치안이고 외적으로는 국방이다. 이것을 유지하지 못하면 국가는 존재가치가 없으며 실제로 그 기능과 능력을 유지하고 증명하지 못하는 국가는 내외적으로 반발과 도전에 의해 도태되기 마련이다. 세계사는 그런 연유로 하여 명멸해간 국가들의 등장과 퇴장의 기록으로 가득 차 있다.

　때문에 국가의 지배층과 지도층의 자격은 언제나 무장武裝 집단으로서의 능력이 일차적이다. 노예제 시대 그리스 로마의 '자유민'이란 곧 전사와 군인의 다른 표현이었다. 봉건 신분제 시대 귀족이란 무기 소지의 권리를 갖고 필요하다면 전쟁 수행 의무를 가진 존재, 곧 기사가 아니면 안 되었다. 오늘날 서구의 전통적 미덕의 하나로 일컬어지는 노블레스 오블리주noblesse oblige도 그 부담을 짊어지는 자세가 원 뜻이다.

동양이라고 해서 다르지 않았다. 사무라이가 지배했던 일본이야 말할 것도 없고 중국도 근본적으로는 마찬가지였다. 춘추전국시대 제후로부터 대부大夫까지의 지배층은 모두 무장의 권리와 의무를 갖춘 존재였다. '사士' 또한 본 유래는 지식인 이전에 무사武士였다. 백성을 다스리는 벼슬은 모두 무장의 권리와 의무를 갖춘 자들의 몫이었다. 예외가 있기는 했다. 무장을 하지 않으며 전사로서의 의무를 갖지 않은 벼슬아치도 있었다. 바로 '내시內侍 환관宦官'이었다. 이 둘은 혼용돼 쓰이게 됐지만 차이는 있었다. 내시는 오늘날로 치면 비서의 직책을 수행하는 자들이었으며, 환관은 거세된 자들이었다. 나중에 거세된 환관만이 내시가 될 수 있도록 하면서 둘은 같은 것이 되었다. 이들은 벼슬아치이되 시종일 뿐이지 무사로서의 의무가 없었다. 의무가 없으니 그에 필요치 않은 권리는 자연적이라 해도 제거돼야 했으니 그것이 바로 거세였다.

무武를 천시한 숭문주의崇文主義는 정신적 거세 상태와 다름없다

이것은 어떤 점에서는 매우 상징적이다. 글만 떠받들고 무인으로서의 임무는 잊어버리는 것이 어떤 것인지를 말해준다. 무武를 천시한 숭문주의는 단순한 병폐가 아니며 정신적 거세 상태나 다름없다. 거세된 자는 대를 잇지 못한다. 생물학적으로도 그러하지만 정신적 거세나 정치적 거세도 마찬가지다. 싸울 의지도 능력도 없는 자들이 지배층을 이루는 나라가 지켜지고 영속될 까닭이 없다.

송宋이 그러했다. 송나라는 전례 없는 경제발전을 이루며 풍요를 구가했다. 그러나 문치文治가 절대가치로 떠받들어지면서 그 풍요를 지킬 무武의 기풍은 자취를 감추었다. '좋은 쇠는 못으로 만들지 않고 좋은 인재는 군인으로 만들지 않는다'라는 속담이 횡행하는 터였다. 그러니 나라가 지켜질 수가 없었다. 송은 남쪽으로 쫓겨 가길 거듭하면서도 '외교 교섭'에만 기대다가 멸망하고 말았다.

숭문주의의 주자학은 이 송나라에서 시작된 것이다. 그 주자학을 국시로 하여 세워진 나라가 바로 조선이었다. '좋은 인재는 군인으로 만들지 않는다'라는 나라의 학문이 신주처럼 떠받들어졌고 그 말대로 조선의 '좋은' 인재들은 글만 읽어댔다. 그런 조선조가 500년을 이어갔다. 숭문의 먹물들이 무슨 특별한 비책이 있어서가 아니었다. 조선을 향해 야심을 행사할 힘이 외적으로 형성되어 있지 않았던 기간이 이어졌을 뿐이다. 중국으로서는 부복俯伏하여 신하를 자처하는 나라를 굳이 직접 집어삼킬 이유가 없었고, 일본은 전국戰國의 소용돌이 속에 있는 동안은 안으로 바빴다. 그런 한은 조선도 그럭저럭 유지될 수 있었겠으나 조선의 그런 태평은 언제든 유린될 수 있는 것이었다.

전국시대를 끝낸 일본은 곧바로 조선으로 칼끝을 돌렸고, 얼마 뒤에는 만주에서 여진이 세력을 일으켜 또 쳐들어왔다. 왜란은 도요토

미가 죽으면서 끝났으나 두 차례의 호란은 그렇게 마감되지 않았다. 왕이라는 자가 피가 흐르도록 이마를 땅바닥에 찧어대며 조아리고 또 조아려야 했다. 그래도 예전에 그랬듯 적응은 했고 명줄은 이어갔다. 이것이 조선조 500년이었다.

이런 것을 스스로 나라를 지키고 이어간 것이라고 할 수는 없다. 그저 적당한 정도로 내버려져 있었던 상태에 지나지 않는다. 그러니 본격적인 서세동점이 시작되어 격동이 이는 시대가 되었을 때 나라를 지탱할 수 있을 리가 없었다.

근대 국민국가의 '군'과 '민주'

이러한 역사를 겪고도 '문민'을 자랑삼고 '군사'라는 말을 비난과 폄하의 뜻으로 사용하는 이들을 어떻게 보아야 하는가? 물론 그들은 그것은 옛날이야기이고 지금 문제 삼는 것은 근대 이후의 민주정치와 관련해서라고 할 것이다. 군이라는 힘을 동원해 정치과정을 중단시킨 것이 잘못된 것이라는 이야기일 터이다. 그러나 이것이 무인의 발호를 막겠다는 알량함으로 문치와 숭문에 기울었던 송이나 조선 지배층의 발상과 근본적으로 얼마나 다른 것일까?

민주의 시대라 해서 '군'과 '민주'를 마치 빙탄불상용氷炭不相容이나 되는 듯이 여기는 것은 잘못된 생각이다. 그것은 첫째, 근대 국민국가의 민주정치 탄생의 근원에 대한 몰이해이며 둘째, 그 몰이해로 군이라는 존재가 민주정치의 대척점에 있는 듯이 여기는 착각일 뿐이기 때문이다.

근대 국민국가라고 해서 군사적 측면의 중요성이 이전과 달라질 이유가 없다. 오히려 더 중요해졌다. 예전에는 왕과 귀족 지배층이 무장할 권리가 없는 피지배 신민臣民을 보호할 의무를 가지는 체제였다. 반면 근대 국민국가는 시민 스스로가 자신의 생명과 재산을 지키는 것을 근본 원리로 하는 체제가 되었고, 이것은 군사적 권리와 의무가 특정 층에 국한되지 않고 시민 모두에게 전면적으로 확대되는 것을 뜻했다.

무기 소지의 권리와 국민개병제

두 가지가 차례로 나타났다. 첫째는 미국 독립혁명과 함께 등장한 모든 시민의 무기 소지 자유의 원칙이었다. 미국 독립혁명의 무력은 그 원리를 바탕으로 조직된 민병대를 기본으로 했다. 이것은 독립 후에도 그대로 미국 정치의 기본 원칙이 되었다. 그와 관련해 미 수정헌법 제2조는 '잘 규율된 민병대는 자유로운 주State의 안보에 필수적이므로, 무기를 소장하고 휴대하는 인민의 권리는 침해될 수 없다'라고 명기하고 있다. 세계적으로 일반적인 것은 아니다. 하지만 미국에서는 이 무기 소지의 권리가 수많은 사고와 시비에도 불구하고 여전히 유지되고 있다.

다른 하나는 프랑스 혁명을 계기로 등장한 국민개병제國民皆兵制에 입각한 국민군國民軍이다. 프랑스 혁명의 '인간과 시민의 권리 선언'은 그냥 살아남은 것이 아니다. 마키아벨리는 '무장한 예언자는 승리를 차지할 수 있으나 말뿐인 예언자는 멸망하고 만다'라고 갈파했다. 프랑스 혁명의 '선언'이 단지 선언에만 그쳤다면 '말뿐인 예언'의 운명을 피할 수 없었을 것이다. 프랑스 혁명의 '선언'이 살아남은 것은 말에 멈추지 않고 국민군이라는 '무장한 예언'이 되었던 덕분이다.

프랑스는 혁명 이후 유럽 열강들을 상대로 긴 전쟁을 치러야 했다. 10년간의 '프랑스 혁명전쟁'이 있었으며 이후에는 또 '나폴레옹 전쟁'이 이어졌다. 혁명전쟁은 초기에는 수많은 위기가 있었지만 결국 프랑스의 승리로 끝났다. 나폴레옹 전쟁은 러시아 원정의 실패와 최종적으로는 워털루Waterloo에서의 패배로 막을 내렸지만 그전까지는 상승의 위력을 자랑했다. 그 힘의 원천이 바로 국민군이었다.

국민군의 힘

1792년 전쟁에 돌입한 프랑스는 초기에는 연전연패를 거듭했다. 아직 안정을 찾지 못한 정정政情의 불안도 문제였지만 가장 큰 문제는 병력 부족이었다. 1793년 프랑스 혁명정부는 병력 보충을 위해 '30만 명 모병안案'을 공표했다. 하지만 기대한 만큼 군인은 모집되지 않았고 '불공평한 모병제'에 대한 반발까지 일어났다. 유산계급과 지주계급을 위주로 한 모병이었기 때문이다.

상황에 반전이 온 것은 1793년 8월 23일 '국가총동원령'을 발령하고 '국민개병제'에 따른 징병제를 실시하면서였다. 기왕의 모병제와는 달리 각 계층의 국민을 평등하게 징병하는 것이었다. 징병이었지만 열렬한 호응이 이어졌고 이로써 프랑스는 120만 명이라는 병력을 모을 수 있었다. 이 같은 규모의 병력은 당시 다른 유럽 국가들로서는 상상도 할 수 없는 것이었다. 군주제 하의 여타 유럽 국가들은 여전히 용병을 주력으로 하고 있었다. 급여를 주면서 부리는 용병을 그처럼 거대한 규모로 편성한다는 것은 가능한 일이 아니었다. 프랑스는 국민군을 편성하면서 병력 규모에서부터 용병제의 여타 국가들을 압도하게 되었다.

그런데 프랑스 혁명정부는 이에 더해 군인으로서의 자질과 능력이 우수하다면 신분과 연령 등을 불문하고 장교와 장군으로 등용하겠다는 방침까지 천명했다. 예전에는 귀족이 아니면 장교가 될 수 없었다. 하지만 이제는 출신이 어떻든 능력만 보인다면 누구라도 지휘관이 될 수 있었다. 나폴레옹도 바로 이 기회를 통해 장군으로 등용될 수 있었다. 당연히 사기가 충천하게 되었다. 이렇게 압도적 군사력과 사기를 함께 갖춘 국민군은 10년간 이어진 혁명전쟁에서 승리했을 뿐만 아니라 나중에는 나폴레옹의 지휘 아래 유럽을 휩쓸기도 했다. 프랑스와의 전쟁을 겪으며 국민군의 위력을 실감한 유럽 각국들은 이후 차례로 그 원리를 받아들였다.

전 인민의 기사騎士, Knight화

국민개병제는 형식 절차의 측면에서는 강제징병제다. 그러나 그 정치적 함의의 본질은 민주적 보편성이다. '권리에 있어 자유롭고 평등(프랑스 혁명 '인권과 시민의 권리 선언' 제1조)'한 인간이 '주권의 원천(선언 제3조)'인 국민의 자격으로서 갖는 의무가 징병의 전제이기 때문이다. 그래서 그것은 족쇄에 끌리는 동원 당함이 아니다. 자유롭고 평등한 국민이 신성한 의무 수행의 권리를 행사하는 것이 된다.

이것은 이전의 시대에 빗대자면, 한마디로 '전 인민의 기사騎士, Knight화'였다. 기본적으로 근대 이전 봉건 신분제 시대에서는 피지배 인민들에게 국방의 의무가 없었다. 그것은 원천적으로 기사 계급 이상 귀족들의 몫이었다. 그런데 그 의무 없음은 다른 한편으로는 권리에서의 배제이기도 했다.

'국방과 병역의 의무'는 근본적으로 의무 이전에 지배적 신분으로서의 권리였다. 피지배 인민들에게는 그 권리가 없었고 때때로 전쟁에 병사로 동원되는 경우도 있었지만 그것은 매우 예외적이었으며 그 경우에도 일종의 '화살받이'와 같은 것일 뿐이었다. 그런데 미국 혁명과 프랑스 혁명을 거치면서 근본적인 변화가 일어났다. 피지배 신분에서 해방되어 시민권을 갖게 되면서 '병역의 (의무를 수행할) 권리'를 갖게 된 것이다.

'군인이 될 권리'가 먼저였다

근대 국민국가의 민주정치의 발전과 관련해 흔히 먼저 떠올리는 것은 선거권·피선거권 등의 참정권이다. 그러나 그에 못지않게 중요한 것이 바로 '병역의 권리'였다. 오히려 이것은 선거권·피선거권보다 선행하는 것이었다. 오해와 착각과는 달리 보통선거권보다 먼저 도입되고 전면화된 것은 '국방을 수행하는 군인이 될 권리'였다.

선거권은 최초에는 재산 정도를 기준으로 제한되어 있었다. 보통선거 원칙이 일반화되기 시작한 것은 영국에서는 1838년 시작된 차티스트 운동Chartist Movement, 유럽에서는 1848년 혁명 이후부터였다. 하지만 미국 독립혁명과 프랑스 혁명의 예에서 알 수 있듯이 일반인의 군사적 권리와 의무는 이미 초기부터 전면적으로 도입되었었다. 근대 국민국가라는 것이 양탄자를 밟으며 우아하게 등장한 것이 아닌 만큼 당연한 일이기도 했다. 생사를 건 투쟁이 있었으며 그것을 이기고 살아남아야 했다. 그러니 먼저 그것을 감당할 수 있는 '군인'이 필요할 수밖에 없었다.

참정권의 핵심도 그 본질적 함의의 차원에서 다시 따져보자면 선거권·피선거권 이전에 '국방의 (의무를 수행하는) 군인이 될 권리'라 해도 과언이 아닐 것이다. 통념이 어떻든 실제의 역사적 경과나 그 중요성 모두에서 분명 그러했다.

박정희는 귀족이 아니었고, 5·16은 귀족 군대의 권력 찬탈이 아니다

상기한 바로 본다면 '군사'를 '민주정치'의 대척점으로 여기는 것은 발상부터가 당치 않는 것이다. 오히려 근대 국민국가의 '민주정치'는 '군사'와 처음부터 분리될 수 없는 한 몸의 실체였다. 민주주의라는 것도, 다른 모든 정체가 그렇듯, 군사적으로 수호되어야 지탱할 수 있는 것이다. 그리고 그 군사적 수호의 힘을 귀족이 아니라 평등한 만민에게서 구하는 것 또한 민주주의다. 신분제에 기반한 귀족의 군대라면 본 뜻 그대로 민주와는 거리가 멀다. 그러나 국민개병제에 입각한 국민군이라면 다르다. 무력적 실체를 갖지 않은 정체는 유지될 수 없으며 민주정의 무력적 실체는 국민군이다.

박정희는 귀족이 아니었다. 그리고 5·16을 결행한 군대도 귀족의 군대가 아니었다. 박정희가 이끈 5·16의 군대는 프랑스 혁명을 수호한 국민군과 마찬가지로 국민군이었다. 그렇기 때문에 그 어떤 시비와 견해의 차이가 존재해도 5·16은 귀족 군대가 자행한 민주 권력의 찬탈이 아니라는 것이 주지의 사실이다. 나아가 5·16은 당시 극도의 혼란으로 위기에 처한 대한민국의 자유민주헌정을 구한 것이었지 안정돼 있던 민주정을 무너뜨린 것이 결코 아니었다. 그래서 박정희는 근본적으로 자유민주의 반대편이 아니라 용기와 결단으로 그것을 지켜낸 수호자의 자리에 있다.

해야 할 일을 한 용기가 비난받아야 하나

민주주의는 추상적 가치가 아니라 구현되고 지탱되어야 하는 정체政體다. 그런데 민주정이라는 정체는 자신의 자유와 권리를 감당할 결의를 가진 개인들이 없으면 '중우정치'가 되어버리고 결국에는 '수령'을 부르며 '전체주의'로 전락한다. 그래서 민주의 심장은 자유다. 자유가 없는 민주는 결국 죽는다.

그런데 추상적으로 선언되기만 하는 자유는 '말뿐인 예언'이나 다름없는 것이다. 그것은 지켜져야만 살아있는 현실이 된다. 자유는 그저 주어지는 것이 아니다. 개인이든 국가적 제도의 차원이든 자유를 지키는 데는 늘 감당해야 할 위험과 부담이 동반한다. 이것을 무릅써야 자유를 수호하는 것이다. 그래서 인간의 자유를 대표하는 것은 위험을 무릅쓰는 용기와 결단이다. 이것이 'Virtue[버츄]'이다.

Virtue는 우리말로 흔히 덕德, 혹은 미덕美德이라는 한자어로 번역된다. 그런데 이 같은 번역은 그 본뜻에 비춰보면 간과할 수 없는 어긋남이 있는데 이는 역사적이고 문화적인 차이에서 비롯되는 것이다. 한국인은 덕德이라고 하면 가장 먼저 공자의 유교적 덕과 문사文士 선비의 덕성을 떠올리게 된다. 중국도 마찬가지일 터다. 덕치德治라는 개념이 전형적이다. 그때의 덕은 무武와 법法에 대해 대립적인 개념이 된다. 노자老子의 도가道家에 이르면 덕은 아예 여성적 부드러움에 가까운 것으로 간주되니 더욱이 그렇다.

그러나 Virtue는 본래 그런 뜻이 아니다. Virtue의 어원적 기원은 고대 라틴어로는 Virtus[비르투스]이다. 남자의 덕성, 그 가운데서도 용기勇氣가 핵심이다. 어두語頭의 Vir[비르]부터가 남자를 뜻한다. Virtus는 용기의 신神의 이름이기도 했다. Virtus라는 용기의 신은 Fortuna[포르투나]라는 운명의 여신의 맞상대로 간주된다. 예측할 수 없는 변덕을 특성으로 하는 운명의 여신 Fortuna는 용기의 남신 Virtus만이 사로잡을 수 있다. 이 신화적 비유는 결국 운명은 용기에 의해 개척되어야 한다는 의미다. 'Virtue, Virtus'는 특히 전장에서의 전사戰士의 용기에 그 기원이 있다. 그래서 Virtus는 문사文士의 여유가 아니라 무사武士의 치열함을 본질로 한다. 칼과 거리를 두는 것을 자랑하는 문민文民이 아니라 칼을 감당해야 하는 전사戰士의 긴장이 Virtue를 대표한다. 박정희가 그러했다.

할 수 있는 일을 하는 것은 쉽다. 그러나 해야 할 일을 하는 것에는 언제나 그에 상응한 부담이 따른다. 그 부담은 때로는 예측할 수 없는 운명 Fortuna처럼 다가오기도 한다. 그래서 해야 할 일을 하기 위해선 Virtus, 즉 용기를 발휘해야 한다. 박정희는 단지 할 수 있는 일을 한 것이 아니라 언제나 해야 할 일을 해나갔다. 5·16도 그러했다. 해야 할 일을 하기 위해 용기의 미덕을 발휘하는 것은 비난받을 일이 아니다. 실패하지 않았다면 더욱이 그렇다.

제 **2** 장   역사적 과업을 외면하지 않는 용기 있는 결단

한일협정 타결이
없었더라면

한일협정은 '해야 할 일'이었다

1963년 10월 15일 대통령 선거에서 승리한 박정희는 12월 17일 제5대 대통령에 취임했다. 그런데 그 이듬해 임기를 시작한 지 반년도 지나지 않은 시점인 1964년 초에 박정희 대통령은 강력한 저항에 봉착했다. 박 정권의 한일 국교정상화 추진에 대해 대학생들이 '굴욕적인 한일회담 반대'를 외치며 거세게 들고일어난 것이다. 3월 24일 시작된 학생 시위는 6월 3일 마침내 대규모 학생·시민 연합 시위로 발전했다.

시비와 곡절이 없지 않았지만 5·16 군사혁명은 결국 국민적 지지를 확보했었다. 그리고 뭐라 시비하든 간에 박 정권은 국민 직선에 의한 대선에서 승리하여 합법적으로 출범한 정권이었다. 그런데 갓 출범하여 아직 정치적 허니문도 끝나지 않은 시점에 커다란 정치적 도전을 맞게 된 것이다.

통속적인 정치공학적 계산으로만 따지자면, 다시 말해 박정희 정권이 그저 그럭저럭 권력을 누릴 생각만 했다면, 정권 유지에 불리할 수 있는 분란을 자초할 이유는 없었다. 반일反日 민족 감정의 날이 아직 시퍼렇게 서있던 시절이었다. 지금도 한국에서는 친일 낙인이 무소불위의 위력을 발휘하고 있는데, 일제 식민치하에서 해방된 지 불과 15년여 밖에 지나지 않은 시점이었으니 말할 나위가 없었다. 일본과의 관계 개선 따위는 제쳐두고 반일 민족 감정에 호소하는 행보를 견지하는 것이 정치공학적으로는 현명할 수 있었다. 그러나 박정희는 그렇게 하지 않았다. '해야 할 일'은 '해야 한다'고 믿었기 때문이다.

명분론적 평가는 공리공담일 뿐이다

그때도 그랬지만 지금도 여전히, 당시의 박 정권이 굴욕적인 협상으로 '민족적 자존심'을 '헐값'에 팔아넘겼다는 주장이 난무한다. 그러나 이는 공허하고 무책임할 뿐만 아니라 매우 부당한 평가다. 한일 국교정상화는 무엇보다도 한국 스스로를 위해 필요한 일이었으며, 그것도 시급히 이루어졌어야 하는 일이기 때문이다.

당시의 한일협정을 부정적으로 평가하는 쪽에서도 협상 타결 결과로 일본으로부터 받아낸 자금이 이후 경제개발 종잣돈이 되었던 바는 인정하고 있다. 경제적 측면에서 긍정적 기여가 있었다는 것이고 소극적 인정이지만 당연한 평가다. 하지만 이 같은 부분적 인정에 머물게 되면 또 다른 부정적 평가를 용인하게 될 수도 있다. 일본으로부터 더 많은 배상을 받아내야 했는데 그러지 못했다는 반론이 제기될 수 있는 것이다.

예컨대 김대중은 자신의 자서전에서 그와 관련해 다음과 같이 언급하고 있다. "나는 협정 내용을 보고 분노를 넘어 수치심에 어찌할 바를 몰랐다. 우선 대일 청구권 3억 달러는 역대 정부가 요구한 액수 가운데 최저였다. 이승만 정권은 20억 달러였고, 장면 정권도 국교정상화를 위해 28억 5천만 달러를 요구했다. 이에 비해 3억 달러는 터무니없이 적었다. 35년 수탈의 역사를 3억 달러로 보상받는다는 것에는 누구도 동의할 수 없었다." 이른바 '헐값'이라는 주장이다.

그럴듯해 보이지만 이 같은 명분론적 평가는 공리공담에 지나지 않는다. 이승만 대통령이 20억 달러를 내세웠지만 사실 그도 내심으로는 일본으로부터 받아낼 수 있는 배상이 그 정도가 될 수 있으리라고는 결코 믿지 않았다. 게다가 이승만 대통령은 일본과의 국교정상화에 적극적이지도 않았다. 그런데 장면 정권은, 외교의 달인이면서도 한일관계 개선을 결코 적극 추진하지 않았던 이승만 대통령보다도, 일본에 대한 청구권 금액을 대폭 더 올려버렸다.

장면 정권이 한일관계 개선의 필요성을 모르는 바가 아니었다. 적어도 이승만 대통령 때보다는 더 현안으로 생각했다. 한일관계 개선을 주문하는 미국의 압력에도 이승만 대통령보다는 훨씬 순응적이었다. 그러나 그러고도 대일 청구권 금액을 대폭 올린 것은 여론의 시선을 의식한 때문, 그 이상이 아니었다. 이것은 내세울 만한 것이 아니라 그저 기회주의적 자세요 무책임일 뿐이다.

박정희 대통령의 한일협정 타결은 그런 무책임한 공리공담을 잣대로 평가되어서는 안 된다. 모든 역사적 일들이 다 그렇듯, 한일협정 또한 그 의의를 제대로 평가하기 위해선 냉철한 조망이 필요하다. 첫째, 경제적 측면에서도 결과론적 차원에서의 기여 인정 정도를 넘어 그 필요성을 잘 이해할 필요가 있다. 둘째, 경제적 측면에서뿐만 아니라 국제정치적 차원에서의 이해도 필요하다. 셋째, 무엇보다도 시급성을 이해할 필요가 있다. 당연한 얘기지만 무슨 일이든 시기가 중요하다. 때를 놓치지 않아야 한다는 것이다. 한일관계 개선은 이루어져야 했을 뿐만 아니라 가능한 조속히 이루어졌어야 하는 일이었음을 이해할 필요가 있는 것이다.

수입대체 내포적 공업화에서 수출주도로의 방향 전환

박정희 집권 무렵 한국이 얼마나 가난했던가는 새삼 언급할 필요조차 없을 것이다. 당시 한국은 미국의 원조에 기대어 근근이 버티고 있었고 그 가난의 질곡에서 벗어나는 것은 절박한 과제였다. 문제는 어떻게 해야 하는가였다.

전임 정권에서도 노력이 없었던 것은 아니었다. 이승만 대통령 때는 물론, 4·19 직후의 장면 정권도 마찬가지였다. 일부에서는 박정희 정권의 경제개발계획은 장면 정권의 것을 표절한 것이며 5·16이 없었다면 장면 정권에 의해 경제발전이 이루어졌을 것이라 주장한다. 하지만 이것은 견강부회의 평가다. 장면 정권은 한국의 경제개발을 본

궤도에 올릴 수 있는 근본적 타개책을 찾지 못했기 때문이다.

경제정책과 관련해 박정희 정권 초기 이루어진 가장 중요한 결정은 이전의 수입대체 공업화에서 수출주도로의 방향 전환이었다. 박정희도 5·16 직후 군사정부 시절에는 이전의 수입대체 공업화 정책에 여전히 머물러 있었다. 국가재건최고회의의 유원식 최고위원은 박희범 서울대 상대 교수와 함께 '내포적 공업화 전략'을 마련했다. 자력갱생파에 의한 '자립경제를 지향하는 자주적 공업화 전략'이었다. 이 계획에 따라 1962년 제1차 경제개발 5개년계획이 시작되었고, 유원식 등은 개발에 필요한 자금 조달을 목적으로 1962년 6월 통화개혁을 단행했다. 그러나 통화개혁은 실패로 끝났다. 국내에서 자금을 조달하는 데 한계가 있었던 것이다.

이 실패 이후 박정희는 경제정책의 방향을 근본적으로 수정했다. '내자 동원과 내포적 공업화에 의한 자력갱생형 경제자립화'가 아니라 '외자 도입과 대외개방적 공업화에 의한 수출지향형 경제성장'으로의 전환이었다. 그 같은 방향 전환에는 경제에 대한 실질적 안목을 가진 이병철 등 기업가들의 조언도 적지 않은 역할을 했다.

그런데 이것은 세계적으로도 획기적인 전환이었다. 당시 후발 개도국에 팽배했던 사고방식은 외자 도입과 대외개방에 대한 부정적 인식이었다. 한마디로 대외 종속을 심화시킨다는 것이었다. 제국주의국가에 의한 식민지 경영의 시대가 끝난 지 얼마 되지 않았던 시절인만큼 후발 개도국들의 이 같은 인식은 자연스러운 것이기도 했다. 더욱이 당시는 소련을 선두로 한 사회주의 국가의 경제발전 모델이 한창 기세를 올리고 있던 시절이었다. 이 같은 분위기는 소련 진영의 국제전략과도 맞물려 더욱 부추겨지고 있었다. 그런 점에서 박정희의 방향 전환은 매우 예외적이었으며 사실 거의 유일하기도 했다.

당시 한국 내의 분위기도 마찬가지였다. 유원식, 박희범 등 자력갱생파의 발상은 결코 그들만의 것이 아니었다. 기성 정치인과 지식층의 일반적 사고방식이었다. 그리고 그 같은 사고방식은 이후 야당과 이른바 비판적 지식인들의 주류 인식으로 자리 잡았다. 그들은 그때는 물론, 경제가 본격적으로 성장하는 동안에도 줄곧 대외의존의 심화라는 공세를 펴고 '민족자본에 의한 내포적 공업화'라는 '민족경제론'을 계속 설파했다.

하지만 경제발전 전략의 방향을 새롭게 수립한 박정희는 더 이상 좌고우면하지 않고 새로운 경제개발 정책을 강력하고도 일관되게 추진해나갔다. 한일회담의 추진은 그 새로운 방향과 맞물려 있는 문제였으며, 출발점이나 다름없는 것이기도 했다.

5·16 당시 발표된 혁명공약에는 '국가자주경제재건에 총력을 다한다'라는 표현만 있을 뿐 수출에 대한 언급은 전혀 없다. 1962년과 1963년의 여러 연설에도 수출에 대해서는 거의 언급되지 않았다. 박정희가 '수출입국'을 명확히 한 것은 1964년 후반 이후부터였으며, 수출 드라이브를 본격화한 것은 1965년 한일회담 타결 전후 시기부터였다. 한일회담이 어떤 의미를 갖는 것인지를 헤아리게 한다.

한일회담 타결이 한국의 세계시장경제체제 진입의 시작이었다

수출 드라이브로 방향을 잡은 경제개발 추진 초기, 한일회담 타결로 확보한 재원은 종잣돈으로 적지 않은 역할을 했다. 하지만 한일회담 타결의 의의는 그에 그치는 것이 아니었다. 보다 더 중요한 것은 그것이 외자 도입이 본격화될 수 있는 계기가 됐다는 데에 있다.

개인이든 국가든 경제적으로 고립된 존재에게 돈을 꿔주는 법은 없다. 한일회담 타결 이전의 한국은 경제적 측면에서 국제적으로 고립된 존재에 지나지 않았다. 미국과의 관계가 있긴 했지만 일방적으로 원조를 받는 관계였을 뿐이며 그 외에는 유의미한 대외적 경제 관계가 존재하지 않았다. 그런데 1965년 한일 국교정상화가 이루어지면서 한국은 일본과 안정적이고 전면적인 경제 관계를 수립할 수 있게 되었다.

한국의 본격적인 경제발전을 위해서는 세계시장경제체제로의 진입이 반드시 필요했다. 일본과의 관계는 매우 중요한 그 첫 번째 관문이었다. 당시 일본은 다시 급속하게 경제강국으로 부상하고 있었고 축적된 기술과 노하우도 있었다. 오랫동안 무역역조가 계속되기는 했지만 양국의 경제 관계와 일본으로부터 도입한 기술 및 노하우는 한국의 경제발전에 적지 않은 도움이 되었다.

한일회담 타결과 GATT 가입

한국은 한일회담 타결 2년 뒤인 1967년 4월 14일, 현재의 세계무역기구World Trade Organization, WTO의 기반이 된 '관세 및 무역에 관한 일반협정General Agreement on Tariffs and Trade, GATT'에 가입함으로써 세계시장경제 체제에 확실하게 자리 잡았다. 한국이 현재와 같은 경제성장과 발전을 이룰 수 있었던 데에는 이 GATT 가입을 빼놓을 수 없다. 경제개발에 시동을 건 한국은 GATT의 다자무역체제에서 다른 나라의 개방된 시장을 이용할 수 있게 되었고 수출을 통한 경제성장의 기반을 가속화할 수 있게 되었다.

한국은 1948년 GATT가 발효된 지 얼마 지나지 않은 1950년 9월, 6·25전쟁 와중임에도 불구하고 GATT 가입의 기회를 가졌었다. 미국의 적극적인 지원이 있었으며 시장경제질서에 대해 확고한 신념이 있었던 이승만 대통령의 안목이 있었기에 전쟁 중임에도 추진이 가능했던 것이다. 그러나 당시에는 결국 최종 서명까지 가지 못했다. 미국은 6·25전쟁 이후에도 한국에 GATT 가입과 일본과의 자유무역을 다시 권유했다. 하지만 이승만 정권은 경제적으로는 대외개방이 아닌 수입대체 공업화로 방향을 잡고, 대외적으로는 강력한 반일정책을 고수하게 되었다. 때문에 GATT 가입은 현안에서 밀려나고 말았다.

그랬던 GATT 가입은 박정희 대통령 때 와서 1965년 한일회담 타결 2년 뒤인 1967년에 이루어졌다. 경제정책의 측면에서 볼 때 '수출 드라이브 정책 확립 → 한일회담 타결 → GATT 가입'은 사실상 연속적인 과정이나 다름없었다. 한국은 GATT 가입이 없었으면 무역 규모 세계 10위권의 통상국가로 발전할 수 없었을 것이다. 그렇다면 한일 회담 타결 또한 그에 상응한 평가를 받아야 할 것이다. 한일 국교정상화 없이 GATT에만 가입하는 것이 과연 현실적으로 가능했을지 의문이기 때문이다.

중국의 공산화와 한국전쟁이 초래한 변화

제2차 세계대전에서 대일對日전쟁에도 승리하여 일본을 점령한 미국의 초기 점령 정책은 일본을 군사적으로뿐만 아니라 경제적으로도 완전히 무력화시키는 것이었다. 미국은 이에 따라 일본의 재벌을 해체하고 중공업을 억제·약화시키는 정책을 폈다. 태평양전쟁을 통해 일본의 군수산업 능력을 겪어본 때문이었다. 일본이 더 이상 대외 침략을, 특히 미국에 대해 도전할 수 없도록 그 기반을 제거하려 한 것이다.

하지만 1949년 중국이 공산화하고 결정적으로는 1950년 한국전쟁Korean war이 발발하면서 미국의 대일정책은 전환되었다. 일본을 병참 기지로 활용하지 않을 수 없게 된 것이다. 미국은 대량의 군수물자를 일본에 주문했으며, 그에 따라 일본의 공업력 무력화 정책도 자연히 폐기되었다. 미국은 이러한 현실적인 정책 전환에 따라 1952년부터 일본이 GATT 가입을 할 수 있도록 지원하고 아울러 미국 시장에 대한 광범위한 접근권도 허용했다. 그리고 일본은 1955년 GATT 가입을 완료했다.

미국의 동북아시아 정책은 일본 약화 내지 무력화로부터 역내 일본의 동맹 역할을 상승시키고 상당한 역할을 담당하도록 하는 것으로 전환되었다. 그런데 그를 위해서는 과거 일본과 적대적 관계에 있던 한국과 대만이 일본과 관계를 개선하는 것이 필요했다. 1950년대 말 미국이 전후 최초로 달러 위기에 봉착하면서 그 필요성은 더욱 커졌고 무상원조 정책을 마냥 계속하기도 어려워졌다. 이에 따라 한국도 이제는 원조를 대체할 만한 새로운 대안을 반드시 찾아야만 했고 박정희가 정권을 잡았을 때는 그 필요성이 더욱 시급했다. 그런 점에서도 한일관계 개선은 더 이상 미룰 수 없는 문제였다.

베트남전 문제와 한일관계 개선 문제는 한 묶음이었다

미국의 한일관계 정상화 요구는 베트남전 문제가 현안으로 부상하면서 더욱 강화되었다. 베트남전에 더 많은 힘을 집중하기 위해서라도 미국으로서는 한국에 대한 지원 부담을 조금이라도 덜어야 했다. 한일관계 개선으로 일본이 부담의 일부라도 맡아주는 것이 미국으로서는 현실적인 방안이었다.

그런데 이와 관련해 박정희 정권은 미국에 다른 방안 하나를 제시했다. 1961년 11월 미국을 방문한 박정희는 한국군의 베트남 파병 용의를 밝혔는데 이 제안은 아직 본격적 군사개입을 유보하고 있던 케네디 정부에 의해 받아들여지지는 않았다. 그러나 1963년 11월 출범한 존슨 행정부가 베트남에 대해 본격적인 군사개입을 고려하기 시작하면서 사정이 변하였고 미국은 기왕의 한국의 베트남 참전 제안을 진지하게 고려했다.

박정희가 한국군의 베트남전 참전을 자청한 가장 중요한 이유는 미국의 대한 안보 공약을 확고히 하려는 것이었다. 베트남전 격화는 미군을 부분적으로라도 베트남으로 돌리게 할 가능성이 있었다. 이를 사전 차단하기 위해서는 한국군의 베트남전 참전을 먼저 제안하는 것이 필요했다. 참전을 통한 신무기 확보와 한국군 전력 강화라는 추가적 계산도 있었다. 파병의 경제적 이익은 당연히 고려되었던 바였다.

그런데 이 베트남전 참전 문제도 한일관계 정상화와 무관하지 않았다. 미국의 입장에서 이 두 가지 문제는 한 묶음이었다. 당시 미국은 베트남전에 한국군을 파병할 경우 북한이 다시 도발할 가능성과 중국, 소련 등 공산권 국가를 자극할 수 있음을 우려했다. 미국의 입장에서는 한국이 일본과의 관계 개선을 하지 않으면서 베트남전에만 참전하는 것을 현실적으로 여길 수가 없었는데 그것은 일본이 동북아 지역 내 미국의 경제적 부담을 일정 정도 떠맡아 주지 않는다면 '만약의 사태'에 대비하기가 어려워질 수밖에 없었기 때문이다.

물론 베트남전과 관련해 미국의 입장이 절박해지면 한국군의 파병은 어떻든 실현되었을 것이다. 미국이 원래 동남아시아조약기구 South-East Asia Treaty Organization, SEATO를 중심으로 구상했던 베트남 지원 계획이 프랑스와 파키스탄의 반대로 어려움에 빠진 탓에 뒤늦게나마 한국으로 눈을 돌릴 수밖에 없었던 사정도 있었다. 어쨌든 박정희가 파병 제안을 한 것은 1961년이었지만 제1차 파병이 이루어진 것은 1964년 9월에 가서였다. 만약 당시 한일 국교정상화를 위한 교섭이 본격적으로 진행되지 않고 무산될 조짐이 확실했다면 어떻게 되었을까?

어떻든 미국의 고민이 깊어질 수밖에 없었을 것임은 분명하다.

한국은 베트남전 참전과 한일 국교정상화가 한꺼번에 연속적으로 이루어지면서 경제적으로 그 이전과는 다른 전기를 맞게 되었다. 우선 국교정상화와 함께 일본으로부터 총 8억 달러(무상 3억 달러, 유상 2억 달러, 민간상업차관 3억 달러)의 재원이 마련되었고 '베트남 특수'는 1965~1972년 사이 10억 달러의 수익과 35억 달러가 넘는 차관이 확보될 수 있게 하였다.

베트남전에 참전하지 않았더라면

그때나 지금이나 베트남전 파병에 대해서는 우리 장병의 피를 팔아 돈을 챙겼다고 하는 주장이 횡행하곤 한다. 무지하고 무책임한 매도이다. 베트남전 참전의 경제적 보상을 기대하지 않았던 것은 아니지만 가장 중요한 것은 안보 문제였다. 한국군의 참전이 없었다면 부분적으로라도 주한미군을 베트남 쪽으로 돌렸을 가능성이 실제로 적지 않았기 때문이다. 나중의 닉슨 독트린은 그 가능성을 충분히 보여준다.

닉슨 독트린은 한마디로 아시아에서 자국의 안보는 스스로 알아서 하라는 것인데 실제 미국은 이 방침에 따라 베트남전에서 손을 떼고 철수했다. 한국에 대해서도 이 원칙은 예외가 아니었고 1970년에 키신저Henry A. Kissinger는 주한미군 철수 계획을 박정희 대통령에게 직접 전달하라고 국무부에 지시하기까지 했다.

한국이 베트남전에 미국의 유일한 혈맹이 되어 참전했음에도 그렇게 되었는데 만약 참전조차 하지 않았다면 어떻게 되었을까? 미군의 부분적 철수가 일찌감치 현실화되었을 가능성이 과연 없었을까? 그렇게 되었을 때 한국은 과연 어떤 처지에 놓이게 되었을까? 북한의 재차 도발 가능성도 물론이거니와 무엇보다도 안보 상황이 위태로워지면 당장 차관 등 자금 조달부터가 쉽지 않아 경제적 타격이 매우 심대했을 것이다. 이제 막 경제개발을 본격화하려던 참에 미처 도약도하지 못한 채 주저앉을 수밖에 없었을 것이다.

한일협정 타결이 결렬됐다면

한일협정에 대한 평가도 한국의 베트남전 참전에 대한 부정적인 매도와 마찬가지이다. 만약 박정희 정권이 명분론적인 문구에 집착하고 그 액수에서도 20~28억 달러 등을 고집했다면 한일협정의 타결이 과연 이루어질 수 있었을 것인가?

일본이 경제적으로 급속하게 재성장하기 시작하여 새로이 경제강국으로 부상하고 있었지만 20~28억 달러를 기꺼이 내놓을 만한 여력은 없었다. 당시 일본이 보유하고 있던 외환 보유고 총액은 18억 달러였다. 따라서 20억 달러가 넘는 액수는 당시 일본이 보유한 외환 보유 총액을 넘어서는 금액이었다. 그리고 박정희 정부가 일본으로부터 받아낸 총 8억 달러에 달하는 돈도 당시 일본이 가진 외환 보유 총액의 거의 절반에 육박하는 금액이었다. 이것을 헐값이라고 할 수 있는 것인가?

물론 민족적 자존심을 내세우며 당시의 협상 따위는 결렬시키고 일본으로부터 만족스러울 만큼의 보상을 받아낼 때까지 협상을 계속하는 것도 하나의 선택일 수는 있었다. 그러나 그렇게 했다면 민족적 자존심은 지키고 나중에 더 많은 배상을 받아냈다는 만족은 할 수 있었을지언정 가장 중요한 타이밍은 놓치게 되었을 것이다.

한일협정과 일중수교의 비교

일본은 한일 국교정상화 7년 뒤인 1972년에 중국과 국교정상화를 타결했다. 키신저는 1971년 비밀리에 중국을 방문해 저우언라이周恩來와 회담을 가졌는데, 이는 소련과 중국을 떼놓으려는 전략의 일환이었지만, 일본에도 알리지 않은 미국의 대對중국 접근은 일본에 커다란 충격을 주었다. 1972년 7월 11일 일본 총리가 된 다나카田中角榮는 중국과의 국교정상화를 서두를 것을 천명하고 불과 3개월도 되지 않은 1972년 9월 27일, 직접 중국을 방문하여 마오쩌둥毛澤東과 국교정상화에 전격 합의했다. 그토록 빨리 합의에 도달할 수 있었던 것은 배상 문제가 쟁점이 되지 않았기 때문이다. 중국은 당시 일중日中공동성명 제4항에서 다음과 같이 선언하고 있다.

> "중화인민공화국 정부는 중일 양국의 국민 우호를 위해, 일본에 대한 전쟁 배상 청구를 포기할 것을 선언한다."

중국의 이 같은 태도는 일본을 상당히 감복시켜 조약 외의 성과를 얻어냈는데 기왕에 일중 국교정상화를 촉구해오던 일본 재계의 대중 투자가 대규모로 이뤄지기 시작한 것이다. 덩샤오핑鄧小平이 1978년 본격적인 개혁개방 정책을 추진하기까지에는 아직 6년을 더 기다려야 했지만 수교 당시부터 적극적으로 성사된 일본의 대중 투자는 이후 중국이 본격적인 개혁개방 정책을 추진할 때 큰 동력이 되었다.

그렇다면 일본에 대한 전쟁 배상 청구를 포기한 중국의 결단은 통 큰 결단이고 일본의 식민지배에 대해 배상 청구를 포기하고 유무상의 차관을 받아낸 박정희의 결단은 자존심을 팔아먹은 초라한 굴복인가?

타이밍을 놓쳤더라면

평가를 어떻게 하든 만약 한국이 당시 타이밍을 놓치고 시간을 흘려 보냈다면 경제발전을 이룩할 기회는 갖지 못했을 것이 거의 틀림없다. 한국이 박정희 시대 수출 드라이브로 경제발전을 이루어내던 기간은 중국이 아직 본격적으로 개혁개방에 나서지 않고 낡은 폐쇄적 사회주의 경제 방식에 머물러 있던 시기와 거의 일치하기 때문이다.

더욱이 당시 일본의 입장에서 냉정하게 보면, 중국의 경우와 달리 작은 시장 규모의 한국에서 얻을 수 있는 경제적 이득은 그다지 크지 않았다. 이는 도덕적 차원을 떠난 문제다. 그럼에도 일본이 한일협정 타결에 나서게 된 것은 미국의 압박이 매우 강했기 때문이었고, 만약 미국의 강한 압박이나 박정희 대통령의 결단이 없었더라면 협상은 그 이전에도 그랬던 것처럼 지지부진한 답보상태에 머물렀을 것이다. 그것이 과연 한국을 위해 좋은 일이었을지, 민족적 자존심을 운운하기 전에 재고해봐야 할 일이다.

한일협정 타결은 한미동맹 체결에 버금가는 업적이다

이러한 모든 사항을 고려할 때 박정희의 그 결단은 이승만의 한미동맹 확보에 비견할 만한 업적이라 해도 과언이 아니다. 미국의 입장에서 한미동맹은 결코 절박한 과제가 아니었다. 그러나 이승만은 마치 새우와 고래의 동맹에 비할 만큼 가능성이 희박했던 것을 성공시켜 이후 한국의 안보를 반석 위에 올려놓았다. 한일협정도 마찬가지이다.

우리가 어떻게 여기든 당시 일본으로서는 한일협정이 결코 시급한 과제가 아니었다. 때문에 얼마든지 무산될 수 있었다. 그러나 만약 그렇게 되었다면 이후 한국의 경제발전은 난관에 봉착하는 정도가 아니라 기회를 영영 갖지 못하게 되었을 수 있다. 그리고 안보상에서도 재차 커다란 위기를 맞게 되었을 수 있다. 한미동맹은 한국의 안보에 절대적 중요성을 갖는다. 그러나 한국이 일본과 관계 개선을 하지 못했다면 한미동맹에도 일찌감치 틈이 생기게 되었을 것이다.

근래 우리가 겪고 있는 상황은 그 문제점을 분명하게 보여준다. 반일을 틈새로 친중적 기류가 파고들고 확장되었으며 이는 한미동맹에도 문제를 야기하였다. 이것은 한국의 안보에 큰 위협요인이다. 한일협정 당시의 조건이 지금보다 더 엄중했음은 말할 필요도 없다.

6·3사태의
이면

6·3사태와 민비연

강대한 적의 위협에 직면해 있는 상황에서 또 다른 세력을 비우호적 상태로 방치한다는 것은 매우 위험한 일이다. 아무리 상당한 강국이라 해도 그럴진대 당시 한국은 동아시아의 최빈국, 최약소국이었다. 이러한 처지에서 전후좌우 사방 모두를 적대적이거나 비우호적 관계로 방치하는 것은 호기를 넘어선 만용이다. 고립 속에서 고사당하는 것을 원치 않는다면 우호적 관계를 통한 출구가 필요할 수밖에 없다.

그 우호적 출구가 굳이 '우리 민족'에 고통과 굴욕을 안긴 일본이어야 하는가라는 반론이 있을 수 있다. 사실 6·3사태 당시 팽배했던 관념이 그런 민족주의적 발상이었다. 4·19 직후 장면 정권 시절의 '가자 북으로 오라 남으로' 같은 시위 구호도 마찬가지였다. 그러나 그러한 발상은 '우리민족끼리' 대화와 화해를 모색하는 편이 민족적 원수인 일본과 굴욕적 관계 개선에 몰두하는 것보다 낫다는 논리로 이어질 수 있다. 그러나 그렇게 하다 보면 민족 감정의 차원을 넘어서게 되고 좌익적 사유가 스며들게 된다.

1964년 3월 24일 한일 국교정상화 추진에 반대한 서울대 시위대의 주장에서 이미 그러한 측면을 엿볼 수 있다. 당시 서울대 시위대는 다음과 같은 결의문을 발표했다.

1. 민족반역적 한일회담을 즉각 중지하고 동경 체재 매국정상배는 즉시 귀국하라.
2. 평화선을 침범하는 일본어선은 해군력을 동원하여 격침하라.
3. 한국에 상륙한 일본 독점자본가의 앞잡이를 즉시 축출하라.
4. 친일 매국하는 국내 매판자본가를 타살하라.
5. 미국은 한일회담에 관여하지 말라.
6. 제국주의 일본 자민당 정권은 너희들의 파렴치를 신의 앙화殃禍를 입어 속죄하라.
7. 박朴 정권은 민족 분노의 표현을 날조, 공갈로 봉쇄치 말라.
8. 오늘 우리의 궐기를 역사는 증언하려니와 우리의 결의와 행동이 '신제국주의자'에 대한 반대 투쟁의 기점임을 만천하에 공포한다.

'매판자본가'는 좌익들이 이른바 '반제국주의 민족해방투쟁'을 내걸 때 사용하는 상투적 표현이 된지 오래된 용어였다. '미국은 한일회담에 관여하지 말라'라는 주장에서는 당시 결의문을 작성한 시위대

핵심이 한일 국교정상화에 미국의 강력한 권고가 있음을 알고 있었다는 것을 보여준다. 그럼에도 불구하고 그 같은 미국의 입장에 반대하며 '제국주의 일본 자민당' 운운에 '신제국주의자에 대한 반대 투쟁'까지 논하고 있다. 좌익적 반제투쟁론에 입각한 반미적 내심이 읽힌다.

이는 결코 과도한 해석이 아니다. 시위가 시작(3월 24일)되기 하루 전인 3월 23일 서울대 문리대에서 '민족주의비교연구회'라는 학생단체 주최로 '한일관계 강연회'가 있었다. 그런데 이 민족주의비교연구회 (이하, 민비연)가 간단치 않은 조직이었다. 민비연은 1963년 10월 서울대 문리대생들이 주축이 되어 결성되었는데 '제3세계 민족주의 운동'을 비교 연구하는 것을 주 내용으로 했다. 당시 한일회담 반대 투쟁을 주도한 것은 이 민비연이었다. '제3세계 민족주의 운동'을 비교 연구한다는 것은 사실 좌익 이론 학습과 무관할 수가 없다. 제3세계 민족주의 운동론은 결국 마르크스·레닌주의의 '제국주의론'에 입각한 반제 투쟁론에 뿌리를 두고 있기 때문이다.

'민비연'을 만든 황성모의 이력

1964년 8월 14일 '1차 인민혁명당(이하, 인혁당) 사건'으로 도예종, 이재문, 박현채, 김중태, 김정강, 현승일, 김도현 등이 체포되었다. 그중 김중태는 한일회담 반대 투쟁을 주도하던 민비연의 회장이었다. 김중태는 인혁당 사건에서는 공소 취하되었지만 1965년 9월 '1차 민비연 사건'으로 다시 구속되었다. 이 사건으로 15개월을 복역하고 출옥한 김중태는 1967년 '동백림 간첩단 사건'과 관련된 '2차 민비연 사건'으로 다시 구속되었다. 동백림 간첩단 사건 관련자인 서울대 사회학과 황성모 교수가 민비연을 조직하고 이끈 지도교수였던 것이 문제였다.

황성모의 행적에는 의심의 여지가 분명히 있었다. 우선 그는 6·25 당시 북한군에 복무하다 낙동강 전투에서 국군에 잡혀 거제 포로수용소에 갇힌 바 있다. 독일 유학 시절에는 동베를린을 방문했으며, 거기서 서울대 후배인 동백림 사건 관련자들을 만난 것도 사실이었다.

이른바 민주 진영 사람들은 당시의 이 사건들이 모두 '용공조작'이라고 주장하고 있다. 그러나 그 모든 것을 조작이라고 하는 것은 '손바닥으로 하늘 가리기'이다. 아마도 김중태 본인은 적어도 직접적으로 북한과 연계되어있지는 않았을 것이며, 인혁당과 민비연 관련자들이 북한과 연계되어있었다고 생각하지는 않았을 수 있다. 그리고 6·3사태에 북한의 직접적인 공작이 있었는지 없었는지는 아직 확인되지 않는다. 그러나 당시 6·3사태를 이끈 핵심 주역들이 좌익적 사상이론의 영향을 전혀 받지 않았다고 하는 것은 순진함이 아니면 기만이다.

해방공간 남북합작의 이면

사실 상기한 일련의 현상은 가난한 후진국에서 나타나는 민족주의 정서의 일반적 경향이다. 러시아 혁명에 성공한 레닌은 초기부터 국제적인 반자본주의 투쟁의 일환으로 반제국주의 민족운동을 강력하게 지원했다. 이후 특히 식민지 경험이 있는 제3세계 후발국들에서는 민족주의가 좌익의 정치적 도구가 되는 상황이 일상화되었다. 한국도 예외가 아니었다.

1945년 8월 15일 해방 이후부터 1948년 8월 15일 건국에 이르기까지 3년간, 한반도에서는 '민족'이라는 구호가 일단은 우익 진영의 것이었다. 그런데 분단이 현실화되면서 '민족'에 서서히 좌익적 관념이 침투하기 시작했다. 대한민국 건국을 앞두고 한때 민족진영의 거두로 자리매김했던 김구, 김규식 등이 민족 단일정부 수립을 내세우며 남북연석회의에 참석하고 김일성을 만난 것이 바로 그 단적인 경우였다. 김구 등의 '이탈'은 단순히 '민족적 열망'만으로 이뤄진 것이 아니었다. 1950년 2월 제2대 국회의원 선거에서는 남북협상파와 임정 계열 일부 출마자들을 지원하던 중 경찰에 검거된 거물급 간첩 성시백이라는 인물의 공작이 있었다.

대한민국의 건국과 6·25전쟁은 공존할 수 없는 이념과 체제의 선택의 결과였다. 남과 북은 이제 단순히 같은 민족이 아니라 상이한 이념에 입각한 대한민국과 조선민주주의인민공화국이라는 두 개의 적대적 체제였다. 이 본질을 간과하면 위험에 빠진다.

한국의 자기정체성의 대상은 무엇이어야 하는가

개인이든 집단이든 자기정체성의 정립에서 가장 중요한 촉매는 타자다. 자기정체성이란 곧 그에 상응한 타자를 갖는 것과 같다. 민족과 국가도 마찬가지다. 타자로서의 다른 국가(혹은 민족)는 대개, 아니 거의 절대적으로 적대적 관계로 등장하여 아我의 정립을 매개한다. 만약 적대성을 제공하지 않는다면 그 타자는 아我를 흡수 통합해버릴 것이기 때문이다.

근대 한국인의 자기정체성이 형성되기 시작한 것은 조선이 중화中華로부터 풀려나면서, 그리고 동시에 일본과의 적대적 조우를 하면서였다. 이후 일본의 제국 질서 안에 편입되어있던 상태에서 자기정체성을 만들어가야 했던 한국인으로서는 일본을 적대적 타자로 하는 것이 더욱이 불가피했다. 반일은 그렇게 하여 한국의 정체성으로 숙명적으로 내재화內在化하게 되었다.

그러나 이제 그 적대적 타자로서의 일제는 1945년 8월 15일 이후부터 더 이상 존재하지 않게 되었다. 존재하지 않는 허구를 타자적 대상으로 한 자기정체성이란 퇴행적 질곡이 된다. 뿐만 아니라 새로이 맞게 된 명백한 적대적 존재를 타자로 인식하지 못하게 만든다. 그리고 이렇게 되면 자기정체성도 위기를 맞게 된다.

대한민국은 1948년의 건국과 6·25를 거치면서 북한이라는 명백한 적대적 타자를 갖게 되었다. 그러나 그 적대적 타자를 그렇게 인식하지 못하고 이미 사라져버린 과거의 적대적 타자를 계속 현재의 적대적 타자로 되새기고 있다. 이것은 분명한 착란 상태다. 6·3사태 당시에도 그랬지만 지금도 '우리민족끼리'라는 기만적인 구호에 현혹당하는 착란을 반복하고 있다.

한일협정에 대한 평가는 단순히 그 결과론적 성과 차원의 문제가 아니다. 그것은 현재 우리 대한민국의 자기정체성을 어떻게 굳건히 하느냐의 문제와도 밀접히 연관되어있다. '민족'은 중요한 가치다. 그러나 누가 적인지를 구분 못하는 퇴행적 착란에 빠지면 '국가'가 위험해 진다. 그리고 국가가 위험해지면 그 안의 '국민'도 위험해진다. 지금 우리는 그런 위험을 겪고 있는 것이다.

03

닉슨 독트린과
1971년 대선

닉슨 독트린

닉슨은 1969년 7월 25일 괌Guam에서 그의 새로운 대對아시아 정책인 닉슨 독트린을 발표하고, 1970년 2월 의회에 보낸 외교교서를 통하여 닉슨 독트린을 세계에 선포하였다. 내용은 다음과 같다.

1. 미국은 앞으로 베트남전쟁과 같은 군사적 개입을 피한다.
2. 미국은 아시아 제국諸國과의 조약상 약속을 지키지만, 강대국의 핵 위협의 경우를 제외하고는 내란이나 침략에 대하여 아시아 각국이 스스로 협력하고 그에 대처해야 할 것이다.
3. 미국은 '태평양 국가'로서 그 지역에서 중요한 역할을 계속하지만 직접적 군사 또는 정치적인 과잉 개입은 하지 않으며 자조自助의

의사를 가진 아시아 제국의 자주적 행동을 측면 지원한다.

4. 아시아 제국에 대한 원조는 경제중심으로 바꾸며 다수국간 방식을 강화하여 미국의 과중한 부담을 피한다.

5. 아시아 제국이 5~10년의 장래에는 상호안전보장을 위한 군사기 구를 만들기를 기대한다.

자기 국방은 자신이 알아서 하라는데

한마디로 요약하자면 아시아 각국은 자국의 안보를 스스로 알아서 하라는 것인데 한국에 대해서도 이 원칙은 예외가 아니었다. 닉슨 독트린에 따라 한국에 대해서도 '한국 안보의 한국화Koreanization of Korea Security'가 추진되었으며, 미군 철수 및 감축안이 현실로 부상했다. 1970년 3월 20일 키신저는 1971년 말까지 주한미군 2만 명을 철수시키는 문제에 대해 박정희 대통령에게 직접 전달할 것을 국무부에 지시하기도 했다.

이것이 한국에 어떤 의미로 받아들여지는 것인지 긴 설명이 필요치 않을 것이다. 너무 당연한 얘기지만 한국은 당시 북한에 대해 단독 방위를 자신할 수 있는 조건이 전혀 아니었다. 따라서 이것은 한국 안보에 있어 중대한 위기 상황일 수밖에 없었다. 그 상황의 엄중함은 닉슨 독트린의 원칙이 적용된 베트남의 역사적 전개가 단적으로 웅변한다. 닉슨 독트린에 따라 1969년 베트남에서 미군이 철수하기 시작한 6년 뒤 남베트남은 1975년 결국 북베트남에 의해 완전 공산화되고 말았던 것이다.

닉슨 독트린이 처음 발표된 얼마 후인 1969년 10월 21일에 삼선
개헌三選改憲이 이루어졌다. 그리고 이에 따라 1971년 초 제7대 대통령
선거가 이루어졌다. 삼선개헌 후 출마한 박정희와 야당의 김대중이
대선에서 맞붙게 되었다. 당시 대선의 주요 쟁점은 '독재와 장기집권'
이었다. 야당의 김대중은 "이번 선거에서 박정희가 당선되면 총통제
가 실시될 것이다"라며 박정희를 공격했다.

예비군은 폐지하고 안보는 4대국에 맡기자?

1971년의 대선은 '닉슨 독트린'이라는 새로운 국제적 조건에 처한 상
황에서 치러지는 선거였다. 그러나 한국 독자의 안보태세 강화 문제
는 쟁점 현안이 되지 못했다. 야당 김대중의 공세는 반대 방향으로 나
갔다. 그는 이른바 '4대국 안전보장론'을 내세웠다. 남북은 긴장완화
와 남북 교류를 통한 평화지향으로 나아가고 미국, 일본, 중국, 소련
이 한반도의 안전보장을 해야 한다는 것이었다. 파격적 제안이었고
반향을 일으켰다. 그러나 이것은 한국의 안보태세 강화에 있어 본질
적으로는 파괴적 구상이었다.

북한은 지금도 그렇지만 당시에는 더욱더 당연하게도 대남 적화
책동을 멈춘 적이 없었다. 더욱이 당시 북한의 국력은 남한보다 우위
에 있었다. 그런 상태에서 교류를 통한 긴장 완화라는 것은 적에게 스
스로 문을 열어주는 것과 다름없는 위험한 발상이었다. '4대국 안전보

장'이란 미국이 한국에서 발을 빼려는 여지가 있음에도 한국에 대한 소련과 중국의 간섭과 영향력 확대를 자청해서 불러들이는 꼴이었다. 공산권 입장에서는 쌍수를 들어 환영할 일이었다. 그런데 김대중은 이에 더해 예비군 폐지까지 들고 나왔다.

그전에도 당시에도 그리고 그 이후로도 야당은 항상 '독재-민주'라는 쟁점을 전면에 내세웠다. 그러나 대한민국의 안보태세 강화를 최우선 과제로 앞세운 적은 단 한 번도 없었다.

닉슨 독트린과 10월유신

1971년 대선 다음 해인 1972년 10월 17일 박정희는 유신을 선포했다. 국제정치적 차원에서 보자면 10월유신은 닉슨 독트린이 가져오는 한국 안보환경의 위기에 대한 대응이었다. 닉슨 독트린으로 미군 철수까지 대두되는 상황이었고 경제발전을 계속해나가야 하는 가운데 자주국방이라는 과제가 명분적 구호를 넘어선 절박한 현실의 문제로 닥쳐왔다. 이 두 과제에 동시에 대응하기 위한 정치적 조치로 박정희가 선택한 길은 유신체제였다.

유신체제에 저항했던 민주 진영은 10월유신을 반민주적 폭거로 규정한다. 그러나 유신의 정치적 전야였던 1971년 대선의 상황은 그런 규정만으로 10월유신을 단죄할 수 없음을 보여준다.

당시의 야당은 한국에 닥쳐온 엄중한 도전에 대해 전혀 다른 대응 방안을 제기하고 있었다. 1971년 대선에서 김대중은 자주국방 태세의 강화가 아니라 '남북 교류 긴장 완화'를 들고 나왔다. 이것이 무엇을 뜻하는지는 나중에 1998년 그가 결국 대통령에 당선된 뒤 확인하게 되었다. 소위 '햇볕정책'이라는 새로운 이름을 갖게 된 그 정책의 결과는 결국 남한을 겨냥한 북한의 핵 무장으로 되돌아왔다.

그리고 문재인 정권이 들어선 이후 북한은 연거푸 미사일을 쏘아대더니 마침내 수소폭탄 실험까지 했다. 지금 대한민국은 6·25 이후 최대의 안보위기 상황에 봉착했다. 5천만 국민이 완전히 핵 인질이 된 상황이다.

만약 1970년대 초 유신이 아니라 야당의 그 노선대로 갔다면 어떻게 되었을까? 지금 우리가 직면한 이 중대한 안보위기가 바로 그때 현실화되지 않았으리라 자신할 수 있을 것인가? 대한민국의 자유민주체제의 수호라는 관점에서 보자면 당시 야당의 노선은 결코 그 임무를 담당할 수 없었다. 그렇다면 오히려 10월유신이 궁극적으로는 한국의 자유민주체제를 수호한 것이라고 해야 맞는 것이 아닌가?

04

김대중과
한민통

이른바 '재일민주세력'의 본색

1972년 10월 11일 일본 정계 순방을 이유로 일본으로 건너간 김대중은 며칠 뒤인 17일 비상계엄령과 동시에 10월유신이 선포되자 미국으로 망명했다. 이후 김대중은 일본과 미국을 오가며 외신을 통해 유신체제를 공격하고 1973년 7월 6일 미국 워싱턴에서 '한국민주회복통일촉진국민회의(이하, 한민통)'라는 단체의 초대 의장으로 취임해 교포사회를 중심으로 반정부 투쟁을 벌이기 시작했다. 그리고 곧이어 한민통 일본 지부 설립을 위해 일본으로 건너갔다.

　한민통의 표면적 명분은 반유신 민주화 투쟁이었다. 그러나 그 본질은 결코 '순수한' 민주화 운동 단체가 아니었다. 일본 한민통의 주축이 된 이른바 '재일在日민주세력'은 특히 더 그러했다. 이들 세력의 형성 계기는 재일거류민단 내의 갈등이었다. 재일거류민단을 약화하고 파괴시키려는 공작을 끊임없이 전개하고 있던 북한과 조총련(재일본조선인총합회)이 그 기회를 놓칠 이유가 없었다.

북한의 공작이 뻗쳐졌다. 이른바 민단 민주화 투쟁을 벌이던 민단 내 일부 세력들은 '민족통일협의회'를 결성하여 통일운동을 추진하기 시작했다. 민주를 앞세운 정치공작은 예나 지금이나 좌익의 고유한 수법이었다. '통일' 운운은 4·19 직후 한국에서 벌어졌던 '가자 북으로 오라 남으로'의 재판再版이나 다름없었다.

이렇게 하여 당시 이른바 재일민주세력은 북한-조총련과 밀접하게 엮이게 되었다. 그 재일민주세력이 주축이 된 한민통에 반 박정희 반유신을 표방한 김대중이 끌어들여지게 된 것이다. 결국 김대중은 자신의 의도가 어떻든 북한 공작의 손길이 뻗어있고 그 영향을 받는 조직의 수장을 맡게 된 셈이었다. 이것은 단순히 공안 차원만의 문제가 아니라 정치적으로도 중대한 문제였다. 김대중은 대통령 선거에서 박정희에 맞서 수많은 표를 획득하고 한국의 대표적인 야당 지도자의 위상을 갖고 있는 인물이었다. 이런 인물이 북한의 직접적 영향 하에 있는 조직의 수장을 맡게 된다는 것은 한국의 입장에서 분명 대내외적으로 심대한 정치적 손상을 가져올 일이었다.

정보당국은 결국 1973년 8월 8일 일본에 있던 '김대중의 강제 송환 조치'를 단행했다. 며칠 뒤인 8월 13일 김대중의 재일 한민통 의장 취임을 저지하기 위한 비상조치였다. 그런데 이 조치는 '김대중 납치 사건'이 되어버리고 말았다. 일본의 실정법과 외교 관계를 무시하고 일을 벌인 탓이었다. 일본 정부는 엄중 항의를 하고 일본 언론은 야만적 납치 행위로 규정지어 박정희 정권을 비난했다. 이 덕분에 김대중은 야만적 독재정권에 탄압받는 민주인사의 이미지를 획득하게 되고 박정희 정권은 국제적 비난에 직면하게 되었다.

김대중은 한국으로 '납치'되었지만 한민통은 이후로도 명맥을 유지하며 활동을 이어갔다. 한국의 공안 당국은 한민통과 그 활동을 '친북'으로 규정짓고 공안 차원의 대응을 했지만 그 의장이었던 김대중은 그 같은 공안적 단속 대상이 되지는 않았다. 김대중은 1976년 명동성당 3·1민주구국선언사건 때문에 긴급조치 9호 위반으로 구속되었다가 2년 뒤인 1978년 가석방되었다. 그러나 김대중은 단지 유신에 저항하는 비타협적 민주인사로 다루어지기만 했다.

김대중이 한민통의 실체에 대해 정확히 인식하고 있었는지 아닌지 알 수는 없다. 본인은 당연히 그러한 혐의를 부인했다. 그리고 이후 거듭 발생한 한민통 관련 사건의 연루자들도 그런 혐의를 부인했다. 대표적으로 1977년 발생한 재일동포유학생간첩단 사건도 그런 경우였다. 당시 법원은 한민통을 반국가단체로 규정짓고 관련자들을 간첩죄로 실형을 선고했다. 그러나 그 관련자들은 나중에 유신체제 박 정권의 조작에 의한 탄압 사건이라고 주장하고 재심을 청구하여 2011년 무죄를 선고받기도 했다.

'한민통은 반反국가단체'라는 판결은 여전히 유지되고 있다

하지만 당시 그 관련자들에 대해 무죄를 인정한 사법부도 한민통 자체에 대해서는 반국가단체가 아니라고 판시하지는 않았다. 그래서 한민통을 반국가단체로 판시한 판결은 현재까지도 그대로 유지되고 있다.

'한국민주회복통일촉진국민회의(한민통)'는 1989년 '재일한국민주통일연합(이하, 한통련)'으로 이름을 바꾸었다. 이렇게 이름은 바뀌었지만 한국 대법원은 1997년 "반국가단체로서 약칭 한민통으로 불리는 한국민주회복통일촉진국민회의 일본 본부의 구성원들이 한민통을 발전적으로 개편하여 그 명칭만을 한국민주통일연합으로 변경, 한통련 역시 반국가단체라고 아니할 수 없다"라고 판시했다.

한통련은 현재까지도 활동을 계속하고 있으며 기관지로 「민족시보民族時報」를 발행하고 있다. 그런데 「민족시보」는 김대중 정권 때는 물론, 문재인 정권이 들어선 지금도 대한민국 내에서는 인터넷 접속이 금지되는 대표적인 친북 매체로 공식 규정되어 있다. 한민통과 그 후신 한통련 관련자들은 기회가 있을 때마다 자신들을 반국가단체로 규정한 것은 부당하다며 문제를 제기했다. 그러나 이 요구는 받아들여지지 않았다. 실제로 그들이 어떻게 주장하든 간에 한민통과 그 후신 한통련의 활동 역사 및 현재의 면모에선 친북 성향이 분명하게 드러난다.

한통련은 2003년 11월 2일 일본 도쿄 총평회관(일본 노동총연합회관 본부)에서 결성 30주년 기념대회를 개최했다. 대회에서 한통련 스스로 정리해 밝힌 '한통련 결성의 경과와 30년의 발자취'는 그 성향이 과연 어떠한지를 보여주고 있다. 이 내용은 대회에 앞서 2003년 8월 「민족시보」에 3회에 걸쳐 연재된 바 있는 것인데, 다음은 그중

1983~2003년까지의 내용 중 일부분이다.

「민족시보」 1983년부터 1993년까지

"한통련은 83년 박정희 독재정권과의 치열한 투쟁과 광주시민을 대
학살하고 등장한 전두환 군부집단과의 10년동안의 활동을 총괄했다.
한민통은 제12차 중앙위원회에서 미국의 지배와 간섭을 배제하지 않
는 한 진정한 민주화도 남북통일도 있을 수 없다는 관점에서 새로운
5대 강령 ① 외세의 지배와 간섭 배제, 민족자주권 회복 ② 파쇼독재
타도, 민주연합정부 수립 ③ 분단고착화 반대, 외세의 간섭 없이 (연방
제에 의한) 자주적 평화통일 실현 ④ 반전반핵운동 추진, 한반도 비핵지
대화 ⑤ 재일동포의 민족적 권익 옹호를 채택하고 반외세 민족자주를
구국운동의 기본노선으로 정립했다."

"반외세 민족자주를 과제의 첫째에 둠으로써 '제2선언'은 그 후 한국
민중운동의 이념이 되는 '자주 민주 통일'을 가장 먼저 도입한 것을
의미했다."

"한통련은 ① 외세를 반대하고 민족의 자주권을 쟁취한다 ② 군부독
재를 청산하고 진정한 민주화를 향해 활동한다 ③ 자주적 평화통일을
실현한다 ④ 반전반핵운동을 추진하여 한반도를 비핵지대화한다 ⑤
재일동포의 민족적 권리를 옹호한다 ⑥ 국제연대운동을 강화한다는

6대 강령을 발표했다."

"팀스피리트 한미합동군사훈련 반대 운동은 10년간을 통한 긴장된 투쟁이었다. 팀스피리트는 83년에는 19만 명, 84년부터는 20만 명의 규모로 증강해 원자력 항모 패트리어트 미사일을 투입하는 등 매년 한국 전 지역에서 훈련을 거듭해 군사 긴장을 높였다. 이에 대해 한민통은 단독 집회와 시위, 한일 연대집회 등을 조직해 강력히 반대했다."

「민족시보」 1993년부터 2003년까지

"이 기간에 매우 중요한 문제의 하나로 북미관계가 있다. 94년 미국은 대북 압박정책을 강화하고 '제2의 한국전쟁도 불사하겠다'고 위협, 전쟁 발발의 위기를 조성함으로써 그 호전성의 본성을 전 세계에 남김없이 드러냈다.

북미는 그 해 제네바기본합의를 이루어 △2003년까지 200만 킬로와트의 경수로 발전소를 건설한다. △이 동안 매년 50만 톤의 중유를 공급한다. △미국은 북에 대해 핵무기를 사용하지 않으며 위협하지도 않는다는 등을 약속했다. 북미관계는 관계 정상화를 향해 크게 전진했다.

그러나 그 후에 등장한 부시 정권은 북을 '악의 축'으로 규정하는 등 긴장을 격화시켜 핵 선제공격을 불사한다면서 긴장을 극도로 높이고 제네바기본합의를 파기했다. 이달 말(2003년 8월) 북미는 핵 문제와 관련하여 한국, 중국, 러시아, 일본이 참가하는 6자회담을 갖지만 북미 관계의 근본적 해결은 불가침조약을 체결하는 문제이다. 이 기간 민족자주를 요구하는 한국 민중은 한국전쟁 시의 주민 학살, 미군 사격장의 피해, 미군 범죄 등 갖은 범죄를 폭로 규탄하는 투쟁을 전개하며 운동을 크게 전진시켰다.

또 주한미군에 의한 여중생 살인사건에 대해 재판권의 이양, 부시 대통령의 공개 사죄, 소파SOFA 전면 개정, 전시작전지휘권 반환 등을 요구하여 전 국민적인 반미 촛불시위를 전개했다. 한통련 등 해외 민주세력도 반미 투쟁에 합세했다."

한통련 의장 곽동의의 기조연설

한편 한통련 의장 곽동의는 2003년 11월 2일 한통련 결성 30주년 기념대회 기조연설에서 다음과 같이 언급했다.

"오죽하면 광주시민들이 '전두환을 찢어 죽이자'라는 구호를 외쳤겠습니까. 이 만행을 뒤에서 부추기고 승인한 자는 그때까지 해방군의 가면을 쓰고 자신의 정체를 감추고 있었던 미국이었습니다. 한국 민주화 투쟁 역사의 큰 줄기인 반미자주화투쟁의 시대는 바로 이러한 광주민중항쟁을 계기로 시작된 것입니다. 이렇게 볼 때, 80년대는 바로 70년대서부터 이어온 민주화 투쟁이 반미 투쟁과 밀접하게 결합

되어 질적인 발전을 이룩한, 빛나는 투쟁의 연대라고 말할 수 있습니다."

"지난해(2002년) 본국 민중들의 반미자주화투쟁은 전례 없이 격렬하게 전개되었습니다. 지난해 연초부터 부시 대통령의 방문을 반대하는 투쟁이 강력히 전개되었으며 6월부터는 두 여중생 참살 사건을 쟁점으로 한 반미 투쟁이 줄기차게 전개되어 한국 땅 전체가 반미의 촛불로 뒤덮여졌습니다. 미국의 전쟁 위협에 반대하는 반전평화운동도 들불처럼 번져 나갔습니다."

"한국 민중의 자주민주통일 위업은 크게 진전하였으나, 아직도 갈 길은 멀다고 봅니다. 더욱이 오늘날 한반도에 조성된 엄중한 정세는 누구나 한시도 방심하지 말고 대오각성하여 민족의 안녕과 통일, 번영의 미래를 열어 나가는 데 적극 이바지할 것을 요구하고 있습니다."

"오늘날 한반도에 조성된 정세에서 가장 엄중하고 위험한 것은 바로 미국에 의한 전쟁 위험입니다."

"6·15 남북공동선언을 이행하는 것은 민족의 자주적 평화통일을 이루어 내기 위한, 유일하게 올바른 길입니다. 공동선언을 이행하는 데서 중요한 것은 '우리민족끼리'의 이념을 정확히 구현하여 정치, 경제, 문화 등의 모든 분야에서 민족 공조를 실현하는 것입니다."

"외세는 어디까지나 외세일 뿐, 우리 민족의 영원한 동반자가 될 수 없습니다. 그러나 동족은 이념과 사상, 제도가 다르더라도 같이 살아가야 하는 영원한 동반자이자 운명 공동체입니다. 민족의 안전과 화합, 평화통일을 바라는 사람이라면 누구나 민족 공조의 길로 나가야 할 것입니다."

곽동의는 어떤 인물인가

곽동의는 6·15공동선언실천공동위원회 해외측위원장을 맡고 있다가 2017년 6월 10일 86세로 사망했다. 당시 친북 좌익 성향의 인사들과 매체들은 일제히 추모의 변을 내놓았는데 그들의 표현을 빌자면 곽동의는 '민주 통일 운동의 큰 별'이라 한다. 말하자면 최고위급 거물급 친북 좌익 인사라는 얘기다.

'과연'이라고 할 만큼 그 언설과 논리 하나하나 어느 한 곳도 '반미 친북'을 벗어남이 없다. 그런데 바로 이 곽동의가 1973년 김대중을 한민통 의장으로 추대했던 핵심 인물이었다. 곽동의는 우리 공안 당국에 의해 명백한 북한의 공작원으로 규정된 바 있다.

김대중 내란음모사건과 관련하여 주일 한국대사관에서 1980년 여름에 계엄사 합동수사본부로 보낸, 영사증명서가 붙은 「조총련·한민통일본부·金大中 관계」에 대한 심층 보고서에는 곽동의와 관련된 사항들이 매우 상세하게 언급되어 있다.

김대중 내란음모사건은 나중에 민주인사 김대중과 민주세력에 대한 군사독재 세력의 조작 탄압으로 규정되었다. 그러나 그렇게 인정한다 치더라도 곽동의에 대한 평가는 별도의 문제다. 인용한 내용에서 충분히 엿볼 수 있듯이 곽동의는 친북이라는 표현으로도 부족함이 느껴질 만큼 강력한 북한 추종 인물임을 부인하기 어렵다.

한민통이 반국가단체로 규정됨에 따라 곽동의는 한국 입국이 오랫동안 불허되었다. 그러다가 노무현 정권 당시인 2004년 10월 한통련 고국방문단이라는 특별 조치로 한국을 방문할 수 있었다. 곽동의는 예전에 자신이 한민통 의장으로 추대했었던 전 대통령 김대중을 만났다.

곽동의는 당시 특별조치로 한국을 방문할 수 있었으나 한민통, 그리고 그 후신인 한통련이 반국가단체라는 법적 결론은 이후로도 재심되거나 변경된 바가 없다. 곽동의가 그 반국가단체의 수괴라는 사실에 대해서도 마찬가지다. 그러나 이후 곽동의는 해외 민주인사·통일인사로 행세하고 노무현 정권과 좌익 세력들의 비호를 받으며 거리낌 없는 활동을 했다. 그 활동은 당연히 반미 친북이었다.

김대중의 내심이 어떠했든

1973년 한민통 결성 당시 김대중과 곽동의의 만남은 어떤 만남이었으며, 그로부터 31년 만인 2004년의 재회는 또 어떤 만남이었을까? 재회는 그저 옛 인연의 만남일 수 있다. 그리고 과거 김대중이 한민통 의장 추대를 받아들인 것은 그 자신의 입장에선 민주화 운동의 연장

2004년 김대중 곽동의 만나다

선상 이상이 아니었을 수 있다. 하지만 김대중 본인이 어떻게 생각하든 북한과 친북 좌익의 입장에서는 그것을 한국의 대표적 야당 정치인에 대한 접근 기회로 간주하지 않았을 리 없다.

　김대중은 한국의 유력 정치인이었다. 이런 인물이 그 자신의 의도가 어떠했든 간에 북한과 그를 추종하는 세력들의 접근 대상이 된다는 것은 한국으로서 매우 우려스러운 일이 아닐 수 없었다. 그리고 그와 같은 일이 어떻든 벌어질 수 있다는 것은 그 자체로 상황의 엄중함을 말해주는 것이기도 했다.

　더욱이 그 유력 정치인은 닉슨 독트린으로 인한 한국 안보의 전례 없는 위기에도 불구하고 대선에서 안보태세의 강화보다는 낭만적인 평화 구호와 포퓰리즘적인 예비군 폐지 등을 공약으로 들고 나온 인물이었다. 그런데도 당시 대선에서 한국의 많은 유권자들은 상당한 표를 몰아주었다. 정치인 김대중은 솜씨는 있었을지 몰라도 무책임하고 안이했으며 그럼에도 대중大衆은 그 솜씨에 현혹되었었다.

위기에도 불구하고 그에 아랑곳하지 않는 포퓰리즘의 선동적 구호가 위세를 떨치고, 대중은 그에 현혹되어 가는 상황이 벌어져도 그것이 이른바 민주적 과정이기만 하다면 어쩔 수 없는 것인가? 민주적 과정이라는 것이 궁극적으로 그 민주주의를 지키는 국가 자체를 위험에 몰아넣는 상황이 와도 그저 할 수 없는 것일 뿐인가? 박정희는 그렇게 돼선 안 된다고 생각했다.

제**3**장 유신, 자유와 번영으로의 종단 없는 전진

10월유신과
중화학공업화

유신이라는 '정치' 없이 '경제'발전도 없었다

제7대 대선 이듬해인 1972년 10월 17일 10월유신이 단행되었다. 박정희의 경제적 업적을 인정한다 해도, 그래도 유신만큼은 아니라고 하는 이들이 많다. 사사건건 반대를 일삼아온 자들이 아니라 온건한 민주적 지식인들도 대개 그렇다. 그러나 역사의 진실은 주장이나 바람과는 관계없이 때로 불편하다. 적잖은 위기를 겪고 있지만 한국은 여전히 세계적인 중화학공업대국의 하나다. 그런데 그 기초가 바로 유신 시대에 닦였다. 유신체제 만 7년, 그 사이에 이룩된 경제발전이 없었다면 오늘의 대한민국은 없다.

'대중경제론'대로 갔다면

1971년 4월 대선에서 박정희와 맞붙은 야당 후보 김대중은 당시 '대중경제'라는 경제정책을 내걸었다. 김대중은 그에 앞서 3월에 『김대중 씨의 대중경제 100문 100답』이라는 책을 출간한 바 있는데 그는 여기에서 다음[13]과 같이 주장하고 있다.

"우리나라 경제는 그 6할이 무역에 의존하게 되는 셈으로 이것은 세계에도 유례가 드문 엄청난 무역국을 세우겠다는 말로 된다. 그런데 설혹 우리가 그와 같은 수출을 달성할 수 있다고 하더라도 우리나라 경제의 안정과 성장은 이제 완전히 국제경제의 향배에 따라 좌우될 수밖에 없게 된다. 국제경제의 사소한 움직임에도 나라 경제가 민감하게 반응을 일으키게 되고 국제경기가 심각하게 될 경우는 무역의 존도가 큰 만큼 나라 경제가 파국으로 빠져들 수 있게 된다. 그러기 때문에 전통적으로 후발 공업국의 경제개발의 방향은 무역의존도를 최저한으로 억제하는 데 온갖 노력을 기울여 왔다."

"국내시장의 기반 위에 보다 큰 비중을 두고 돌아가는 경제일수록 국제경기의 부침에서 자체를 보호할 수 있음은 물론 나아가서 그것을 뒷받침으로 국제시장에서 여유 있는 경쟁을 벌일 수 있는 것이다. 국내시장에서의 고가에 의한 보상을 전제로 그만큼 국제시장에서 가격

---

13 대중 경제연구소, 『김대중씨의 대중경제 100문 100답』, 서울: 대중경제연구소, 1971.

을 염가로 절하할 수 있다는 것이 그 한 예이다."

"하물며 후발 공업국이라 하지만 하등의 유리한 부존자원의 기반 없는 자본 부족 기술 부족의 저개발국가로서 수출에다 국가의 존망을 매달겠다는 것은 일대모험이라 할 수밖에 없다. 그것으로 바랐던 대로 무역의존국가가 이룩되었다고 하더라도 강대한 선진공업국으로부터 끊임없는 위협에 시달려야 할 것이지만 그것이 달성될 가능성이 희박한데도 달성될 것을 전제로 산업을 수출이 아니고서는 쓸모없는 것으로 편성해버리거나 그것에 맞추어 수입과 소비를 계속해나가다가는 뒤에 가서 돌이키기 힘든 함정으로 빠져들 수 있는 것임을 알아야 할 것이다."

"따라서 장단기의 수출 증대 가능성과 수출입국의 구상을 면밀히 재검토하고 자립경제 달성의 기본방향을 내포적 공업화에 중점을 두는 방향에서 설정되어야 한다."

"규모를 겨룰 수 있는 업종으로서는 세멘트공업 한 가지에서 찾을 수밖에 없다. 이와 같은 상황 하에서 '규모의 경쟁'이라 할밖에 없는 국제경쟁을 이겨낼 수는 도저히 없다."

"오늘날의 국제시장경쟁은 벌써 원가의 경쟁이 아니라 광대한 국내시장을 전제로 그것에서의 보상을 전제로 원가 이하로 얼마만큼이나 더 싸게 팔 수 있다는 것인가 하는 것에 성패의 열쇠가 주어져 있다."

"산업구조의 재편성에 의한 민족경제의 자립 편성은 무원칙한 개방
체제를 지양하고 대외 의존적인 산업구조를 최대한으로 국내 자원에
기초하고 민족자본에 의해 주도되는 것으로 재편성하는 것이다."

한마디로 박정희가 줄곧 고수해온 수출주도형 경제개발 정책을
중단하자는 얘기였다. 그리고 해외시장을 상대로 한 수출이 아니라
국내시장을 무대로 하여 대기업이 아닌 농업과 중소기업을 우선적으
로 발전시키자는 것이었다. 만약 당시 한국경제가 이 노선대로 갔다
면 어떻게 되었을까? 어떻게 평가하든 오늘날 한국인들이 당연시하
고 있는 중화학공업대국 무역대국 한국은 없었을 것이 분명하다. '대
중경제' 노선이 최고의 성공을 거두게 되었다 하더라도 그럴 것이다.
수출입국과 중화학공업 노선을 원천적으로 거부하고 있으니 그럴 수
밖에 없다.

그런데 이 같은 근본적 한계에도 불구하고 1971년 대선 당시 김대
중의 대중경제론은 상당한 반향을 불러일으켰다. 김대중은 '대중경제
론'과 함께 '4대국 안전보장론', '예비군 해체' 등의 공약을 앞세워 상
당한 지지를 거두었다. 박정희가 결국 이기긴 했으나 신승辛勝이었다.
당시 분위기대로였다면 다음 대선이 예정된 1975년에는 정권교체가
될 가능성이 높았다.

민주정치의 정상적 작동이라는 측면에서 보자면 그 같은 정권교
체는 있을 수 있으며 또 받아들여질 수 있어야 하는 것이었다. 그런데
다른 각도에서 보자면 그것은 중화학공업화의 비전은 물론, 그 이전
까지의 한국경제의 고도성장 자체가 중단되는 것을 뜻했다. 박정희는

그 상황을 감내하기를 거부했다. 대선 이듬해인 1972년 박정희는 유신을 단행하여 '중단 없는 전진'의 길을 선택했다.

절충과 타협이 불가능한 대립

박정희의 10월유신은 정권교체의 보장이라는 민주정치의 형식적 측면에서 보자면 그것을 가로막은 것임이 분명하다. 당연히 야당을 비롯한 반 박정희 세력은 박정희의 1971년 대선 출마의 길을 연 삼선개헌과 10월유신을 민주정치 유린의 정치적 만행으로 규정하고 맞섰다. 그들의 입장에서 유신은 오직 박정희의 장기집권 권력욕에서 비롯된 것일 뿐이었다.

하지만 어떤 정치인의 정치적 행위를 확인될 수 없는 내면의 욕망을 근거로 단정한다면 곧바로 정반대의 강변도 가능하게 될 것이다. 박정희가 유신을 단행한 것은 조국 근대화에 대한 열정이라는 순수한 애국적 동기에서 비롯된 것이라고 주장할 수도 있기 때문이다.

정치적 주장은 문학적 수식을 동반할 수 있어도 정치적 평가는 문학적 상상의 영역일 수가 없다. 어떤 정치적 행위에 대한 평가는 결국 결과에 대한 책임을 묻는 것이다. 동기의 순수성이 실패에 대한 면죄부가 될 수는 없는 것이 정치의 세계이기 때문이다. 그래서 정치적 평가는 노선 자체의 객관적 검토와 그 결과에 대한 냉정한 평가일 수밖에 없다. 박정희의 유신에 대해서도 당연히 그래야 한다.

유신 선포의 정치적 전야였던 1971년 대선은, 한국의 미래를 두고 수출주도와 중화학공업화라는 박정희의 노선, 그리고 야당의 대중경제론이 맞붙은 운명적 격돌이었다. 그 대립은 절충과 타협이 불가능한 것이었다.

대중경제론과 종속이론

대중경제론은 그 명칭 덕분에 김대중 경제정책의 상징처럼 되었지만 새삼스러운 주장은 아니었다. 1965년 1월 박순천 민중당 대표가 국회 연두연설에서 박정희의 개발정책을 비판하고 그 대안으로 '100만 안정농가' 창설을 주장하면서 이미 그 기본 골격을 선보였다. 이어 1966년 민중당 대통령 후보로 지명된 유진오가 '대중경제'를 제창하며 "제헌헌법에 명시된 사회균점을 실현하고 재벌경제로부터 대중경제로 질서를 바로잡겠다"라고 주장했다. 유진오의 대중경제론은 1967년 통합 야당(민중당·신한당)인 신민당의 정강정책으로 발전했다. 이것이 나중에 1971년 4월 대선 때 김대중 신민당 후보의 공약으로 완성됐다.

그런데 당시 김대중이 출간해 배포한 『대중경제론』 책자는 좌파 지식인인 박현채, 정윤형, 임동규 등에 의해 대리 집필된 것이었다. 이 집필자들 가운데 박현채는 소년 빨치산 출신이었다. 단지 전력이 그랬다는 정도의 인물이 아니었다. 박현채는 죽을 때까지 평생 자신의 빨치산 경력을 자랑했던 신념형 마르크스주의자였다. 『대중경제론』이 박현채와 같은 자에 의해 집필되었다는 사실은 그 노선이 결국 마르크스주의적 좌익 노선에 닿아 있는 것임을 말해준다.

신민당이 분명 보수정당이었음에도 이렇게 된 데는 몇 가지 연유가 있었다. 우선 김대중부터가 그러한 성향을 갖고 있었을 것임을 생각할 수 있다. 하지만 대중경제론은 김대중 개인만의 노선이 아니라 야당이 이미 1965년부터 들고 나온 것이었다. 여기에는 당시의 시대적 배경이 있었다. 바로 그 1965년쯤부터 세계적으로 '종속이론'이라는 것이 대유행을 탔던 것이다. 종속이론은 후발개도국들의 지식인들을 휩쓸었다. 그러나 이 종속이론은 본질적으로 마르크스주의였고 이 마르크스주의가 후진국에 들어와 변형된 것이었다.

종속이론은 후진국은 선진국에 종속되는 것을 막기 위해 관계를 단절하고 자립경제를 구축해야 한다는 것이었다. 기술도 없는데 외자를 도입하면 대외적으로 종속된다는 것과 이에 수출보다는 내수, 대기업보다는 농업과 중소기업 위주의 경제발전을 이뤄야 한다는 주장이었다. 대중경제론의 주장과 거의 어긋남이 없는 복사판임을 알 수 있다. 결국 세계적으로 유행을 타던 마르크스주의의 개도국판인 종속이론이 한국에도 흘러들어온 것이 대중경제론이었다. 마르크스주의자 박현채가 『대중경제론』의 집필자가 되는 것은 당연했다.

당시 세계의 거의 모든 후발국들은 사실상 이 종속이론의 관점을 수용했다. 공산체제였던 중공과 북한도 마찬가지였다고 할 수 있다. 그런데 이후의 역사적 결과는 종속이론이 전혀 타당성이 없음을 증명했다. 후발국들 가운데 종속이론적 노선에 기울었던 나라들은 모두 경제개발에 실패한 반면 그와 무관한 노선을 견지했던 몇몇 나라들은 신흥부국으로 일어섰다. 그 대표적인 나라가 바로 한국이었다.

한국은 박정희가 등장한 이후 1963년부터 성장률이 7%로 급등하면서 고도성장을 시작했다. 그렇게 시작한 고도성장은 1963년부터 1997년 외환위기 전까지 34년 동안 연평균 9.1%의 성장률을 유지했다. 한국을 제외하고는 전 세계 어디에도 이런 성장세를 보인 나라는 없었으며 아직도 이 기록은 깨지지 않고 있다. 이 같은 결과는 세계적으로 보자면 종속이론의 실패의 증명이며 종속이론의 한국판이었던 '대중경제론'의 실패의 증명이었다.

고도성장을 포기했어야 하나

1968년 설립된 포항종합제철은 1970년 4월 1일 착공하여 1973년 7월 3일 1기 설비를 완성하였다. 포철은 이후 성장을 거듭하여 지금은 세계 최고 수준의 종합제철의 하나로 손꼽히고 있다. 한국인들은 지금 포철의 존재를 당연시하고 있지만 만약 『대중경제론』대로 갔다면 한국에 포철이 존재하는 것을 볼 수 없었을 것이다. 당시 박정희의 입장도 그러했다.

임기 두 번을 거치는 동안 수출주도 정책을 밀어붙인 덕분에 한국경제도 드디어 고도성장세를 보이기 시작했다. 1971년에는 수출 10억 달러 고지를 넘어섰다. 하지만 당시까지의 성장은 보세가공으로 대표되는 노동집약적 경공업에 의존한 것이었다. 새로운 성장 동력을 찾아야 할 상황이었다. 야당은 수출주도가 아닌 내포적 공업화를 주장했지만 이것은 이제 겨우 궤도에 진입한 한국경제의 성장을 포기하는 것이나 다름없었다.

박정희의 입장에서 이것은 결코 타협 가능한 대안일 수 없었다. 한국경제의 고도성장은 지속돼야 했고 이를 위해 박정희가 선택한 방향은 중화학공업화였다. 또 다른 한편 닉슨 독트린으로 자주국방이 피할 수 없는 절박한 과제가 된 상황이 있었다. 이를 위해서도 중화학공업화는 필수이자 시급한 것이었다.

박정희는 1971년 1월 1일 신년사에서 다음과 같이 말했다.

"우리는 지난 십 년 성장의 경험과 성과를 토대로… 우리 경제의 국제
경쟁력을 강화하여 수출을 계속 증대시키고, 중화학공업의 육성으로
산업구조를 빠른 속도로 고도화시켜 나갈 것입니다."

박정희의 '중화학공업 육성'을 천명한 이 신년사가 있었던 바로 그 1971년 4월 27일 제7대 대통령 선거가 있었다. 이 대선에서 김대중은 예의 대중경제론을 천명했다. 말하자면 1971년 대선은 경제정책 차원으로 보자면 중화학공업화 노선과 대중경제 노선 간의 대결이었다.

이 구상은 이듬해인 1972년 10월유신과 함께 본격화되었다. 박정희 대통령은 10월유신을 단행하면서 1980년까지 '100억 불 수출, 1인당 1,000 불 소득' 달성의 비전을 제시했다. 이 목표 달성을 위해 한국경제를 기존의 경공업 중심이 아니라 중화학공업 중심으로 육성할 것임을 천명했다. 1973년 1월 12일 박정희 대통령은 연두기자회견에서 중화학공업화를 선언했다.

"우리나라는 바야흐로 중화학공업 시대에 들어섰습니다. 정부는 이 제부터 중화학 육성 시책에 중점을 두는 중화학공업화 정책을 선언 하는 바입니다."

이어 1973년 1월 31일 박 대통령 주재 확대국무회의에서 오원철 당시 경제수석이 '중화학 공업 발전안과 방위산업 육성안'이라는 기 조발제를 했다. 오 수석이 제시한 필요 재원의 규모는 100억 달러였 는데, 1970년대 들어 수출 규모가 10억 달러를 넘어선 정도에 비추면 천문학적이라는 표현도 부족할 정도였다. 2017년 한국의 수출 총액은 5,737억 달러, 이를 기준으로 보면 5조 달러 이상을 퍼붓자는 이야기 였다. 그럼에도 중화학 공업 육성은 기어이 시작되었다.

2월에는 정부 전 부처가 협력하여 중화학공업추진위원회를 만들 고, 6월에는 중화학공업 육성 계획을 발표했다. 철강, 비철금속, 기계, 조선, 전자, 화학 공업이 6대 전략 업종이었다. 그리고 1981년까지 전 체 공업 중 중화학공업의 비중을 51%로 늘릴 것을 목표로 내걸었다. 박정희 대통령은 청와대 비서실장 김정렴과 경제 제2수석 오원철 등 을 투톱 사령탑으로 삼아 중화학공업화 팀을 구성, 이를 강력히 추진 하기 시작했다. 유신 시대에 그렇게 진행된 행진은 누이와 어머니의 머리칼을 모아 가발을 만들어서라도 수출하던 나라를 초대형 유조선 과 자동차를 수출하는 나라로 만들었다.

박정희의 양날의 선택

유신 시대에 박정희에 대한 깊은 반감을 품고 아예 한국을 버린 어떤 학자가 있었다. 그런데 그는 나중에 유신 시대에 이루어진 중화학공업화의 성과를 긍정적으로 조망한 저서를 출간했다. 호주국립대 아시아·태평양학 대학원 정치·사회변동학과 교수인 김형아의 『박정희의 양날의 선택 — 유신과 중화학공업』이라는 책이다. 그는, 자신의 표현을 빌자면, "한국의 중화학공업화 과정을 연구하면서 박정희와 화해했다"라고 밝힌다.

그는 찬양과 비판을 넘어 박정희를 통합적으로 바라볼 것을 주문한다. 한국의 경제발전이라는 박정희의 공功이 비판론자가 주장하는 유신독재라는 과過 없이는 이루어질 수 없었다고 말한다. "박정희의 중화학공업과 유신은 한쪽 없이는 나머지 한쪽도 존립할 수 없는 '양날의 칼double-edged sword'이었다"라는 것이다.[14]

> "요사이 많은 사람이 박 대통령은 경제에는 성공했지만 민주주의에서는 실패했다고들 말한다. 심지어는 박 대통령 아래서 장관을 지냈던 이들조차 공개적으로 중화학공업화와 유신 개혁을 별개의 문제처럼 이야기한다. 나는 이렇게 말한다. 중화학공업화가 유신이고 유신이 중화학공업화라는 것이 쓰라린 진실이라고. 하나 없이는 다른 하나도 존재할 수 없었다. 한국이 중화학공업화에 성공한 것은 박 대통

---

14 김형아, 『박정희의 양날의 선택: 유신과 중화학공업』, 서울: 일조각, 2005.

령이 중화학공업화가 계획한 대로 정확하게 시행되도록 국가를 훈련
했기 때문이다. 유신이 없었다면 대통령은 그런 식으로 국가를 훈련
할 수가 없었을 것이다. 이런 사실을 무시하는 것은 비양심적이다."
(오원철, 1996년 10월; 2000년 1월)

"한국의 국민총생산은 20년간(1962~1980) 127억 달러에서 574억 달러
로(1980년 기준) 452% 성장했고, 수출액은 1964년 1억 달러에서 1978년
100억 달러로 늘었다. 이 시기 동안 한국은 해마다 평균 8.5%의 국민
총생산 성장률을 기록하여 세계에서 가장 빠른 속도로 경제성장을
이루었다."Johnson, 1987; Amsden, 1989

"정부가 공업화를 촉진하기 위해 하부구조를 건설함으로써 사회
적 설비 역시 놀라울 정도로 개선되었다. 예를 들면 전기발전량은
1961년에서 1971년 사이 10배로 늘었고 전화 대수는 1965년에서
1975년 사이 437,915대에서 2,292,286대로 다섯 배가 늘어 100명에
6대 수준이 되었다." (우승무, 1995)

"… 교육제도와 고용 기회의 광범위한 확대를 통한 공공복리 증진에
서도 한 걸음 나아갔는데, 많은 이들이 이를 한국 공업화의 핵심 특
징으로 꼽는다. 예컨대 중학교 입학자는 1960년대와 1970년대에 급
속하게 늘어나 1980년대에 와서는 250만 명에 달했다. 고등학교 입
학자는 1970년대 동안 59만 명에서 270만 명으로 껑충 뛰었다."
Snodgrass, 1998

"제1차 경제개발계획(1962~1963)의 절대 필요한 분야로, 가족계획을 포함한 상대적으로 광범위한 의료제도의 확립은 한국인의 기대 수명을 1960년의 55.3세에서 1978~1979년 65.9세로 극적으로 연장하는 데 이바지했다." (김태헌 1995)

저자 김형아는 박정희가 중화학공업을 추진한 까닭을 당시 한미 관계에서 찾고 있다. 1968년 한 비밀문서에는 비무장지대DMZ에서 총격전으로 1주일에 평균 32명이 죽는다는 기록이 있다. 이런 상황에서 닉슨 대통령은 일부 주한미군을 철수했고, 카터 대통령 역시 미군을 추가로 철수하려 했다. 박정희는 미국이 베트남을 포기한 것처럼 한국도 포기할 수 있다고 생각했다. 중화학공업은 자주국방 정책의 일환이었다.

저자는 박정희가 중화학공업의 파트너로서 미국식 경제 원리에 익숙한 관료들이 아니라 자신의 계획을 성실히 실현할 테크노크라트 (기술관료)를 택했음을 주목했다. 엔지니어 출신의 테크노크라트인 오원철, 김정렴 등이 대표적인데 "유신헌법은 이들이 정치의 바람을 타지 않고 일을 하기 위해 모든 압력을 막아내는 장치였다." 저자는 또한 박정희가 장기집권을 하려 한 것은 부인할 수 없다고 보면서도 다음[15]과 같이 말한다.

"박정희는 공업화된 근대 한국이라는 더 큰 야망을 가지고 있었다.…

---

15 상동.

박정희는 자신의 개인적 야망과 국가의 이익이 합해진 이 목표가 오직 유신체제, 혹은 '한국식'으로만 성취될 수 있다고 믿었다."

박정희의 이 같은 믿음은 당시 야당의 행태에 대한 그의 뿌리 깊은 불신과 무관치 않았다. 유신 선포를 앞둔 1972년 10월 3일 개천절 경축사에서 박정희는 야당의 행태에 대해 다음과 같이 비판했다.

"북한 공산주의자들은 남북대화의 그늘 밑에서 우리의 혼란과 불안을 조성하고자 갖은 책동을 가해오고 있습니다. 바로 이 같은 시점에서 민주사회의 장점인 다양성을 마치 분열로 착각하여 파쟁을 일삼는다든지, 민주제도의 운영 원리인 '견제와 균형' 원리를 비능률의 구실로 삼으려는 이 같은 정략과 간계가 우리 주변에서 횡포를 부린다면, 이 모든 것은 마땅히 광정匡正되어야 합니다."

야당의 정치행태에 대한 혐오가 여과 없이 강렬하게 드러나고 있다. 박정희의 입장에서 당시의 야당은 '근대화' 과업을 수행할 능력도 의지도 없으면서 사사건건 방해만 일삼는, 마치 조선시대 당쟁 무리들과 같은 자들이었다. 더 심하게는 그들은 무책임하고 허무맹랑한 공약만 떠들어대며 팔아먹고 사는 협잡꾼에 지나지 않았다. 박정희의 이 같은 시각은 1971년 대선을 거치면서 결정적으로 굳어졌다.

1971년 김대중의 장충단 공원 연설

1971년 대선에서 신민당 후보 김대중은 여러 가지 공약을 내걸며 큰 선풍을 불러일으켰다. 그런데 김대중의 공약은 현란한 만큼이나 매우 어처구니없었다. 김대중은 장충단 공원의 대규모 유세에서 그간 내건 여러 공약들을 총망라한 연설을 했다. 대중경제론에 관한 내용도 당연히 빠지지 않았는데 다음은 그 한 대목이다.

> "건설이라는 것은 국민 전체가 잘 살기 위해서 하는 것이요, 나라의 경제의 혜택이 마치 우산살 퍼지듯이 모든 국민에게 고르게 퍼져나갈 때, 그 경제건설은 잘 된단 말이요, 그러기 때문에 세종대왕 시대가 선군의 시대라는 것은 그 당시에는 **고속도로도 없었고 울산공업단지도 없었지만**, 우리가 선군의 시대라는 것은, 비록 그 시대에는 **무명베옷을 입고 산천지를 걸어 다녔지만, 국가의 혜택이 고르게 분배되었던 것이오.**"[16]

김대중이 당선되어 대중경제 노선이 채택되었더라면 한국인의 경제적 삶이 어떻게 되었을지 상상해봄직한 대목이다. '고르게 분배'하는 것을 우선시하여 그 자신은 당장은 선군의 칭송을 받았을지 모르겠다. 하지만 어떻든 한국인들은 그 덕분에 '고속도로도 없고 울산공

---

16 굵은 글씨는 필자 강조. 연설의 해당 대목은 다음을 참조. '김대중 대통령 장충단공원 연설(1971),' https://www.youtube.com/watch?v=gcRxxXco9Rc&t=1836s (최종 검색일: 2019년 5월 24일).

업단지도 없는' 나라에서 '무명베옷을 입고 걸어 다니는' 삶을 살게 되었을 것이다.

지금 한국인들에게 그 같은 삶을 받아들이겠냐고 묻는다면 어떤 답이 나올 것인가? 아마도 '그 정치세력을 열광적으로 지지하는 사람들'조차도 그러겠다고 하지는 못할 것이다. 그래서인지 이 대목은 김대중의 자서전에 실린 장충단 공원 연설문에서는 찾을 수 없고 녹취록을 통해서만 확인할 수 있다.

그런가 하면 1971년 대선 당시의 『대중경제론』을 1997년 증보·출간했다는 소위 『대중 참여 경제론』에서는 대중경제론 본래의 논지를 사실상 버리고 있다. 그러나 그럼에도 그는 박정희의 노선이 옳았으며 당시 자신을 비롯한 야당의 노선이 틀렸다는 것을 분명히 하지 않았다. 그러면서 '참여'라는 말만 슬쩍 섞어 마치 타당한 노선을 일관되게 고수해온 양 얼버무리고 있다. 그런데 나중에는 당사자도 기록에서 빼버릴 만큼 허황한 연설이 1971년 선거 당시에는 선풍을 일으켰었다. 이 같은 상황이 박정희에게 어떤 의미로 받아들여졌는지는 나중에 유신 선포로 확인되었다.

'이제 천하의 근본은 농사가 아니라 상업'이라 했는데

1901년 4월 19일 자 「제국신문」에 약관 26세의 한 청년이 사설 하나를 썼다.

"옛 글에 말하기를 농사는 천하의 큰 근본이라 하였은즉 (중략) 그때는 세계 각국이 바다에 막혀 서로 내왕을 통하지 못하고 각기 한 지방만 지키고 있으매 백성들이 다만 그 땅에서 생기는 곡식만 믿고 살았은 즉 (중략) 지금으로 말할 지경이면 세계만국이 서로 통상이 되었은즉 나라의 흥망성쇠가 상업흥왕함에 달렸으니 지금은 천하의 큰 근본을 장사라고 할 수밖에 없도다.

대저 농사에서 생기는 이익은 땅에서 나는 것인즉 정한 한정이 있거니와 장사의 이익은 사람이 내는 것이라 한정이 없는 고로 지금 영국으로 말할 지경이면 그 나라의 부강함이 천하 각국 중에 제일인데, 그 토지인즉 불과 조그만 섬이요, 또 기후가 고르지 못하고 땅이 기름지지 못하여 농사에는 힘을 쓰지 아니하고 전국 백성들이 상업에 종사하여 기교한 물품을 만들어 남의 나라에 가서 금은으로 바꾸어다가 자기 나라를 부요하게 바꾸어 놓고 있으니… (중략)

나라가 점점 빈약하여 백성들이 도탄에 들어 필경은 지탱하지 못할 지경에까지 이르니 이런고로 지금은 상업을 불가불 천하에 큰 근본이라 할지라. 그런즉 나라의 흥망이 또한 거기 달렸은즉 (중략) 대저 오늘날 세계 큰 싸움과 다툼이 모두 이익과 권세에는 장사보다 더 큰 것이 없은즉 (중략) 당장의 급선무로 (중략) 아무쪼록 장삿길을 널리 열어서 해마다 항구에 들어오는 돈이 나가는 것보다 몇 천 배나 되게 하기를 바라노라."

바로 이승만의 글이다.

"지금으로 말할 지경이면 세계만국이 서로 통상이 되었은즉 나라의
흥망성쇠가 상업흥왕함에 달렸으니 지금은 천하의 큰 근본을 장사라
고 할 수밖에 없도다."

그 사설 중 한 대목이다. 말하자면 농자천하지대본農者天下之大本이
아니라 상자천하지대본商者天下之大本이라는 것인데 글쓴이(이승만)는 오
늘날의 표현을 빌자면 무역입국貿易立國을 일찌감치 갈파한 셈이다.

1971년 김대중의 대중경제론과 장충단 공원 연설은 그 70년 전인
1901년의 26세 청년 이승만의 견식의 발끝에도 미치지 못한다. 반면
박정희의 수출입국 노선은 따지고 보면 이승만이 1901년 청년 시절에
갈파한 '상업흥왕'의 길을 현실로 구현한 것에 다름 아니었다. 과연
어느 길이 옳았는가?

통상대국의 길은
한국의 숙명

자긍할만한 기적의 나라 대한민국

2011년 12월 5일 대한민국이 무역 1조 달러 국가군에 이름을 올렸다. 한국에 앞서 이를 달성한 나라는 미국, 독일, 일본, 중국, 프랑스, 영국, 네덜란드, 이탈리아 등 모두 8개국뿐이다. 수출만 놓고 보면 순위는 더 올라가 중국, 독일, 미국, 일본, 네덜란드, 프랑스에 이어 7위다. 물론 "그래본들 대졸 실업은 여전하고 2040 세대 모두가 힘들어하는데, 그래서 어쨌단 말인가?"라고 말하고 싶은 이들도 있겠다. 하지만 그 모든 어려움을 넘어설 지혜를 얻기 위해서라도 우리는 한국이 이룩한 성취의 의미를 알아야 한다.

70여 년 전 식민지에서 해방돼 겨우 나라를 세웠건만 곧바로 전쟁이란 참화가 휩쓸고 지나가 이나라에 남겨진 것은 오직 폐허였다. 미래를 꿈꾼다는 것은 발상부터가 사치였으며 허락된 것이라곤 생존을 위한 발버둥뿐이었다. 순위를 매길 필요도 없었다. 세계에서 가장 못 사는 나라가 한국이었고 1962년 박정희 정권에 의해 경제개발 5개년 계획이 시작되던 무렵에도 1인당 국민소득은 겨우 87달러였다. 그렇게 시작한 대한민국이 반세기 만에 세계 9위의 무역대국이 된 것이다.

한국은 2009년 이미 역사적 기록 하나를 세운 바 있다. 원조를 받던 나라에서 원조를 주는 나라로 탈바꿈한 것이다. 전후 독립한 나라들 가운데 최초 유일의 기록이다. 기적이라는 표현이 과하지 않다.

'유교 사회주의'의 나라 조선

무역 1조 달러 클럽 국가들은 한국을 제외하면 모두가 원래 잘 살던 나라였다. 서구 국가들은 말할 것도 없고 중국, 일본도 마찬가지였다. 중국은 청나라 말부터 개혁개방 이전까지의 공백을 제외하면 역사적으로 세계 최대 부국의 반열에서 빠진 적이 없었다. 일본도 메이지 유신 이전 도쿠가와 막부 시대에 이미 에도江戶 인구가 100만 명에 달할 만큼 내적인 번영의 토대가 있었다. 그러나 한국은 그 이전 시대로부터 물려받은 기반이 아무것도 없었다. '자본주의의 맹아'라는 것은 조선에 없었다.

조선은 농자천하지대본農者天下之大本이라는 경제관과 사농공상士農工商이라는 신분질서를 양대 기둥으로 한 일종의 유교 사회주의 국가였다. 조선은 마치 후대의 구소련을 빼다 박은 듯 닮아 있었다. 천하대본으로 이상화된 농민층은 마르크스주의에서의 노동자 계급과도 같은 위상이었다. 관념적으로는 이상화되어 있었으면서도 실제로는 아무런 힘과 권리가 없었다는 점에서도 그랬다. 한편 사대부는 역성혁명을 추진할 때는 전위정당의 당원 같았으며 권력을 잡은 뒤에는 구소련의 노멘클라투라nomenklatura와 거의 다르지 않았다. 공산당원들이 사상투쟁, 이론투쟁을 앞세워 정치적 경쟁자들을 숙청했듯이 조선의 양반 사대부들은 성리학의 해석과 적용을 둘러싸고 당쟁을 벌이며 사문난적斯文亂賊이라는 기치로 상대 당파를 숙청했다. 그리고 무엇보다도 상업을 경멸하고 시장의 성장과 발전을 위험시했다는 점에서 양자의 정신적 DNA는 완전히 동일했다. 당연히 결말도 비슷했다. 구소련이 결국에는 경제적으로 파산하여 무너졌듯이 조선도 일본의 침략 이전에 이미 경제적으로 붕괴되어 있었다.

무역 1조 달러 국가군들 가운데 한국과 같은 역사적 배경을 가진 나라는 단 하나도 없다. 우선 조선은 같은 동양권 국가인 중국, 일본에 비해서도 예외적이었다. 근대 이전 한중일 동양 3국은 각각의 차이에도 불구하고 크게 볼 때는 유교 문화적 공통점이 있었다. 하지만 조선은 그중에서도 유독 극심한 성리학 원리주의의 나라였으며 3국 가운데 상인층의 성장이 가장 미약했다.

서구 국가들의 상업전통

서구 국가들과의 차이는 더욱 두드러진다. 네덜란드는 농민 이전에

청어잡이 어부가, 국가 이전에는 상인이 먼저 존재했던 나라였다. 영국은 대항해 시대 초기부터 바다로 눈을 돌렸던 해양강국이자 일찌감치 네덜란드의 모범을 따라간 나라였다. 미국이 바로 그들의 후예임은 많은 설명이 필요치 않다.

프랑스와 독일은 내륙 농업국가적 특성이 농후했다. 하지만 중세 봉건제 시대 유럽 대륙에서도 상업이 위축된 적은 결코 없었으며 오히려 막강한 힘을 갖기까지 했다. 12~13세기부터 유럽에는 한자Hansa라 불리는 무역상인 집단들이 있었는데 14세기 중반에는 군사적 동맹의 수준으로까지 성장하기도 했다. 한자동맹은 후대 네덜란드의 동인도회사와 비슷한 점이 있었다. 동인도회사는 해외에서 독자적인 조약 체결권과 군사행동 권한을 갖고 국가와 마찬가지의 대우를 받는데 이 점은 한자동맹도 비슷했다. 마치 영토를 갖지 않은 국가였다. 이런 문화적 배경에 더해 프랑스와 독일에게는 앞서가는 영국을 어떻게든 따라잡으려는 치열한 경쟁 심리가 있었다. 우여곡절은 있었지만 프랑스와 독일 두 나라도 결국 영국에 뒤이어 산업혁명을 이루고 부국의 대열로 들어서게 되었다.

한국의 두 가지 숙명

한국은 역사적 문화적 배경으로만 보면 '1조 달러 무역대국'이라는 성취가 너무 어울리지 않는다. 하지만 깊게 따져 보면 조선의 경우가 매우 예외적이었음이 드러난다. 신라와 고려 두 나라는 모두 활발한 통상국가였다. 신라는 일찍부터 실크로드를 통한 대외교역이 있었으며 해상무역을 장악한 장보고가 있었다. 이슬람 상인이 남긴 기록에 따르면 8~9세기 무렵 경주는 콘스탄티노플, 바그다드, 장안에 이은 세계 4대 도시라고 하였다. 삼국유사에 따르면 전성기 경주는 17만 8,936호로 인구가 거의 100만에 육박한다. 고려도 창업자 왕건부터가 송악의 상인 집단을 배경으로 두고 있으며 건국 초부터 매우 활발한 대외교역을 행했다. 팔관회는 고려판 무역박람회였으며 개경에는 이슬람권에서 온 '회회아비'들이 북적이고 있었다.

조선의 등장은 이러한 전통에서의 전면적 이탈이었다. 하지만 이것은 한반도의 지정학적 특성으로 보면 일종의 돌연변이 현상에 가깝다. 한반도는 한편으로는 대륙의 끝자락에, 또 한편으로는 대양으로 나가는 출발점에 위치한다. 이런 위치에서는 대륙과 해양을 잇는 대외교역이 활발해야 자연스러운 일이다. 더욱이 한반도의 땅은 좁고 그나마도 산악지대가 7할을 차지한다. 이런 곳에서 농업만으로 인구를 부양하고 나라를 지탱한다는 것은 안이함을 넘어선 한심함이다. 그런데 조선은 그런 세상을 꿈꾸었다. 당연히 미몽迷夢이었다.

한반도에 존재하는 국가는 두 가지 숙명을 안고 있다. 첫째, 대륙과 해양 양대 세력이 충돌하는 지정학적 단층선이라는 위치다. 둘째, 대외통상을 통한 부富가 아니면 인구 부양도 국가의 안전보장 비용 마련도 쉽지 않다는 자연 조건상의 근원적 제약요인이다. 고위험 지대이면서도 자체 내에서는 생존비용 조달에 한계가 있는 것이다. 결국 선택의 여지가 없다. 우리에게 통상국가라는 것은 가능한 경우의 수 중 하나가 아니라 불가피한 선택이다.

이승만은 약관의 청년 시절 이미 이 같은 '한국의 길'을 갈파했다. 그리고 박정희는 수출입국이라는 노선을 견지하여 한국을 세계적인 무역대국의 길로 들어서게 했다. 이 두 인물의 통찰과 선택이 아니었으면 오늘의 한국은 없다.

유신 시대는 과연
그토록 암흑이었나?

표현의 자유는 자기들만 누리는 것인가?

박정희 시대, 그중에서도 유신 시대는 특히 정치적으로 어두운 시대로 묘사되곤 한다. 독재에 의해 민주주의가 훼손되고 갖은 억압으로 자유가 박탈된 시대였다는 것이다. 이 같은 인식은 지금 청와대를 꿰차고 앉은 정치세력에겐 새삼 논할 필요도 없는 확신이다. 이들은 박정희 시대의 자유의 박탈에 대해 기회가 있을 때마다 개탄과 분노를 표하곤 한다.

그런데 이렇게 자유의 부재를 이유로 박정희 시대를 비난하는 이들이 얼마 전 개헌 소동을 벌일 당시에는 희한하게도 자유민주에서 '자유'를 삭제한 개헌안을 내놓은 바 있다. 자유의 명분으로 박정희 시대를 규탄하는 것만 놓고 보면 마치 대단한 자유주의자인 듯한데 자유민주에서 자유를 도려내버리는 아이러니를 보였다.

문재인 정권은 탄핵 소동에 이은 조기 대선에서 승리하여 2017년 5월 10일 출범했다. 그로부터 3개월이 채 되지 않은 8월 4일 법원은 『전두환 회고록』의 출판과 판매 금지를 결정했다. '5·18 민주화운동'을 왜곡한 내용이 포함돼 있다는 것이 그 이유였다. 단지 사법부의 판결일 뿐 정권과는 무관하다고 한다면 얄량한 얘기다. 이 정권도 그에 대해 환영의 뜻을 분명히 했으니 같은 입장임을 길게 말할 필요도 없다. 그런데 이 같은 결정은 이른바 '민주화 시대'라는 지금의 조건에 비추어 볼 때는 놀라운 것이다.

저자가 누구이며 그 시시비비가 어떻든 저작물의 출판 및 판매 금지는 자유민주체제에서 어떤 점에서는 금기시되기까지 하는 일이다. 출판물에 대해서는 그 내용에 동의하지 않는다 해도 그에 상응한 또 다른 표현물로 대응하는 것이 자유민주사회의 일반적 원칙이다. 사법적 행정적으로 표현의 자유를 제한하는 것은 자유민주체제의 근간을 훼손하는 것으로 간주되기 때문이다. 저작물의 출판 판매 금지는 저작자의 표현의 자유만 제한하는 것이 아니라 잠재적 독자층에 대해 정보 전달을 차단하는 행위라는 점에서도 더욱이 문제가 된다.

이른바 민주화를 신성의 구호처럼 내세워온 이들이 박정희 시대를 비난하며 늘 들먹여 온 것이 바로 표현의 자유의 억압과 사상의 통제였다. 그러한 세력들이 내용에 대해 시비가 있다고 해서 표현의 자유는 물론이요 그 정보의 유통 자체를 차단·통제하는 것을 아무렇지도 않게 여기고 있다.

이른바 '5·18 민주화운동'이 자유민주주의를 위한 것이었음을 분명하게 자신한다면 누군가가 그에 대해 시비를 제기한다고 해서 그 자체를 봉쇄·차단하려 해서는 안 될 것이다. 그런 행위는 스스로가 내세우는 자유민주적 가치에 어긋나기 때문이다. 모름지기 진정으로 그 명분과 가치를 앞세운다면 말에는 말로 글에는 글로 대응하는 것이 원칙이다. 소위 '5·18 유공자'의 명단조차 공개하지 않으면서 문제를 제기하는 측의 입을 사법적 행정적 정치적 힘으로 틀어막는 것을 '민주'라 한다면 민주주의 자체를 허무하게 만드는 것이다.

자기들은 표현의 자유를 맘껏 누려도 되지만 자신들을 반대하는 쪽은 그런 자유를 절대로 누려서는 안 된다는 식이라면 이미 자유민주가 아니다. 그것은 '내로남불('내가 하면 로맨스 남이 하면 불륜'의 준말)'도 넘어선 난폭한 전체주의적 행태의 시작이나 마찬가지다.

박정희 시대에도 그러지 않았다

문재인 대통령은 리영희의 『전환시대의 논리』를 감동적으로 읽은 바 있다고 했다. 이 책은 마오쩌둥의 문화혁명을 찬양하고 베트남의 공산화를 옹호하는 내용을 담고 있었다. 그런데 이 책은 소위 민주화 운동 측이 그렇게 비난해 마지않는 엄혹한 유신 시대 한복판인 1974년에 출간되었다. 1974년은 2차 인혁당 사건과 민청학련 사건이 있었던 해이기도 했다. 그러나 『전환시대의 논리』는 2017년 『전두환 회고록』처럼 출간되자마자 판매 금지된 바 없다. 그리고 3년 뒤인 1977년에 리영희는 『우상과 이성』, 『8억인과의 대화』를 또 출간했다.

물론 리영희는 이들 저작들이 이유가 되어 나중에 반공법으로 기소되었고 형을 산 바 있다. 하지만 여기에는 실정법상으로는 불가피한 귀결의 측면이 있었다. 이 책을 출간한 출판사 '창비'는 『전환시대의 논리』에 대해 다음과 같이 설명하고 있다. "사회주의 중국을 바라보는 왜곡된 시각을 교정하고, 베트남전쟁, 일본의 재등장, 한미관계 등을 새로운 시각에서 분석함으로써 냉전적 허위의식을 타파하는 현실 인식, 편협하고 왜곡된 반공주의를 거부하는" 내용이라는 것이다.

반공법에 대한 시비는 별도로 따질 문제겠지만 어떻든 당시의 엄연한 실정법으로서의 반공법에 정면으로 저촉되고 있음은 출판사 스스로가 설명하고 있다. 더욱이 리영희를 기소한 반공법은 원래 박정희 대통령에 의해 처음 도입된 것도 아니었다. 반공법 제정을 최초로 들고 나온 이는 4·19 직후 혁신계로 일컬어지던 좌익의 발호에 큰 위기의식을 가졌던 민주당 정권의 장면 총리였다.

문재인 시대가 유신 시대보다 얼마나 나은가?

문재인 정권의 주축을 이루는 세력은 1987년 민주화의 주역임을 내세우는 86세대(60년대 출생, 80년대 학번 세대)다. 이들 세대가 리영희의 저작들과 함께 경전의 하나로 떠받들며 읽었던 책들 가운데 『해방전후사의 인식』이라는 책이 있다. 이 책도 유신 시대인 1979년, 박정희 대통령이 서거하기 전에 이미 출간된 바 있다.

86세대는 박정희의 유신 시대를 정치적으로는 직접적으로 체험하지 않았던 반면 경제적으로는 박정희 시대 발전의 최초의 직접적인 수혜 세대다. 이런 이들이 박정희 시대를 암울한 시대인 마냥 떠들어 대곤 하는데 이들이 몰두해 읽으며 그런 부정적 인식을 키워간 책들은 그 박정희 시대에 출간된 것이다.

그런데 지금은 유신 시대에도 조심스러웠던 출판 금지가 아무렇게나 남발되고, 방송사에서는 입장이 다른 이들이 쫓겨나고 있다. 댓글 공작을 비롯한 여론 조작 행위가 드러났지만 그 주범이요 당사자인 자는 단죄되기는커녕 선거에 출마를 강행했다. 그런가 하면 자신들의 마음에 들지 않는 보도를 하는 언론인은 구속시켜버리는 일까지 벌어졌다. 문재인 대통령을 비롯해 이 정권의 주역들은 지금을 1987년 이후 민주화의 절정의 시대인 듯 내세우고 있다. 그러면서 유신 시대를 반反민주의 시대라 욕하고 있다. 그러나 현재 도처에서 벌어지는 일들을 보면 그들이 비난하는 그 유신이라는 시대보다 결코 지금이 더 낫다고 할 수는 없다.

04

반反유신
민주화 투쟁의 이면

반유신의 신성화

유신 시대의 경제개발은 그 체제의 강력함에도 불구하고 정치적으로 순탄하게 이루어진 것은 아니었다. 1972년 10월 17일 10월유신이 단행되던 때부터 1979년 10월 26일 박정희 사망 전까지의 7년은 한편으로는 중화학공업 건설을 중심으로 한 일대 도약의 시기였지만 다른 한편으로는 반유신 투쟁의 기간이기도 했다.

 민주화를 요구하는 세력이 그 기간 내내 박정희에 맞섰다. 김대중, 김영삼으로 대표되는 제도권 야당만이 아니었다. 이른바 재야 민주세력이 있었다. 지식인, 교수, 일부 기독교계 인사들로 이루어진 세력이었다. 여기에 학생운동권이 더해져 반유신 진영을 형성하고 있었다. 이들의 반유신 투쟁은 1987년 '민주화'라는 것을 거치고 민주화가 일종의 '신성의 반열'에 오르면서 지금은 재론의 여지없는 정당성을 주장하게 되었다.

하지만 이 같은 평가는 그들 민주화 세력이 거부하는 박정희에 대한 무조건적인 찬양만큼이나 잘못된 것이다. 우선 당시 반유신 진영은 '민주화'라는 것 외에 한국의 성장과 발전을 위한 어떠한 유의미한 비전도 제시하지 못했다. 그들은 유신 시대 이전 경부고속도로 건설(1968~1970)을 드러누워서 반대했던 발상과 습성의 연장선상에 있었다. 그런 만큼 박정희의 경제건설 비전, 특히 중화학공업화에 대해서는 최소한의 이해조차도 할 수 없었다. 그들은 박정희의 중화학공업화 계획을 오로지 유신이라는 반민주적 장기집권체제의 핑계로만 생각했다.

1971년 대선 당시 김대중의 『대중경제론』은 그들 야당의 인식이 어떤 수준이었는지를 보여준다. 유신체제에 대해 정치적으로 뭐라고 시비하든 간에 반유신 진영의 논리대로였으면 한국이 오늘날과 같은 세계 10위권 경제대국의 반열에 올라서지 못했을 것은 분명하다. 그런데 반유신 진영은 안목과 비전의 저열함이라는 것 말고도 또 다른 문제점을 안고 있었다. 좌익분자들의 발호였다.

좌익들이 발호하고 있었다

물론 반유신 진영 모두가 좌익이었던 것은 아니다. 김대중은 별도로 하더라도 김영삼 파는 분명 좌익 성향과는 거리가 멀었다. 하지만 반유신 민주화라는 데만 몰두하는 동안 내부에서 좌익 세력이 자라나고 있었다. 박정희와 그 체제 정책에 대한 과도한 적개심이 좌익 성향의 발호에 대한 경계심을 흐리게 했다. 덕분에 민주화라는 깃발의 이면에서 좌익이 자라날 수 있었다.

1974년 민청학련 사건도 그런 경우였다. 민청학련 사건은 유신 시대 박정희 정권에 의해 자행된 대표적인 민주화 운동 탄압이요 용공조작 사건으로 일컬어진다. 당시 반유신 민주 진영은 민청학련 사건을 당연히 그렇게 규정하고 맹렬하게 저항했다.

그리고 2005년 12월 노무현 정권은 '과거사진실규명위원회'를 통해 "민청학련 사건은 학생들의 반정부 시위를 인민혁명 시도로 왜곡한 학생운동 탄압사건"이라고 발표하였고, 2009년 9월 사법부는 이 사건 관련자들에 대하여 "내란죄로 인정할 증거가 없다"라며 무죄를 선고하였다. 또 2010년 10월 서울중앙지방법원은 이 사건의 관련자와 가족 등이 국가를 상대로 제기한 손해배상 소송에서 "국민을 보호해야 할 국가가 유신체제를 유지하기 위해 오히려 가해자가 돼 불법행위를 저질렀다"라며 "국가가 520억여 원을 배상하라"라는 판결을 내리기도 하였다.

민청학련 사건 당시 함께 검거된 2차 인혁당 사건이 있었다. 이 사건은 1964년 검거되었던 인혁당을 재건하려 한 인혁당재건위 사건이다. 당시 공안당국은 이들이 민청학련을 배후에서 조종했다고 발표했다. 그리고 인혁당재건위 사건 관련자들은 재판을 거쳐 1975년 형이 확정되었고 그중 8명이 사형에 처해졌다.

이 사건도 민청학련 사건과 마찬가지로 당시와는 달리 새롭게 규정되었다. 김대중 정권 시절이던 2002년 유족들은 재심을 청구했고 2005년 다시 재판이 시작되어 2007년, 당시 사형선고가 내려졌던 8명에게 증거불충분을 이유로 무죄선고가 내려졌다.

이런 과정을 거치면서 지금은 민청학련 사건과 인혁당재건위 사건이 유신 시대의 대표적인 용공조작 사건으로 결론 내려지게 되었다. 하지만 이 같은 사법적 재론과 새로운 판결이 어떠하든 간에 그 사건을 단지 용공조작으로 간주하는 것은 그 후계를 자처해온 운동권 세력들의 입장과는 어긋난다.

인혁, 통혁, 해전, 남민전, 조작은 없었다

386세대(60년대 출생, 80년대 학번, 90년대에 30대였던 세대) 학생운동권 출신들이라면 그 사건들은 대외적 주장과는 달리 운동권 내부에선 용공조작으로 간주하지 않았다는 사실을 아무도 부인하지 못할 것이다. 대학 1학년을 마치고 2학년 진급 직전의 겨울방학, 이탈하지 않고 남아있는 지하써클의 멤버들에겐 이 시기가 매우 중요했다. 1학년 시기의 기본적인 의식화를 넘어 보다 본격적인 운동가로서의 교육이 이때 이루어졌다. 핵심은 '한국의 변혁운동사'였다.

소위 그 심화 단계의 교육이라는 것은 이렇게 시작된다. 어느 날 대학 선배가 낡은 복사물 뭉치를 한 아름 들고 들어온다. 인혁당, 통혁당(통일혁명당), 해방전략당(남조선해방전략당), 남민전(남조선민족해방전선준비위원회) 등 4대 공안사건의 공소기록이다. 선배의 첫마디는 이렇다. "용공조작은 없었다. 이것은 모두 사실 그대로다."

예의 4대 사건은 소위 민주 진영에서 일관되게 '용공조작 사건'이라고 주장해온 박정희 시대의 대표적인 공안사건이다. 지금도 그렇게 주장하고 있을 뿐만 아니라 재심에서 무죄를 선고받고 민주화 운동 보상금까지 받은 사건들이다. 그러나 지금 뭐라고 하든 간에 그때는 분명히 말했다. "용공조작이 아니라 솔직하게 말해 분명 실체가 있는 분명한 변혁운동이다." 변혁운동이란 쉽게 말해 좌익혁명운동이라는 얘기다.

그렇게 배우는 과정을 거친 멤버들은 드디어는 자신을 그 맥을 잇는 또 한명의 변혁운동의 전사로 자리매김하게 된다. 그리고 그렇게 교육을 받은 학생은 1년 뒤 자신의 후배들에게 똑같은 교육을 시키며 똑같은 말을 되풀이 했다. "용공조작은 없었다"라고.

이 점에 대해선 지금 집권세력이 되어 있는 운동권 출신 당사자들, 적어도 핵심분자들이었다면 잘 알고 있을 것이다. 만약 당시의 운동권 출신이라면서 이를 부인한다면 그가 속한 집단이 중요한 써클이 아니었든가 그 자신이 별로 중요하지 않은 주변적인 존재였을 것이다.

용공조작은 지금도 없고 예전에도 없었다

2013년 '이석기 사건'이 드러났을 때 이른바 진보 진영 반응의 제일성은 '용공조작'이었다. 8월 28일 이석기 등에 대해 내란음모 혐의로 전격적인 압수수색이 단행되고 몇몇 통진당 관계자가 검거되자 당 대표

이정희는 기자회견을 열고 성토했다.

"유신 시대에 써먹던 용공조작극을 21세기에 벌이고 있다."[17]

이정희는 페이스북에 "아버지나 딸이나 위기 탈출은 용공조작 칼날 휘두르기"라는 글을 올렸다. 한때는 꽤 통했던 논리였다. 평범한 많은 국민들이 그렇게 믿었던 시절이 있었다. 그러나 이는 사실이 아니다. 이석기 사건은 용공조작 사건이 아니다.

이석기 내란음모 사건이 불거지자 한승헌, 백낙청, 황석영 등 이른바 진보 성향 원로인사라는 사람들은 이런 반응을 내놓았다. "충격적이다… 건전한 상식에서 한참 벗어났다." 한때 이석기 일파와 당에 같이 몸담았던 심상정 등을 비롯해 소위 진보 진영 도처에서 그런 식의 반응이 쏟아졌다. 지금까지 전혀 몰랐다가 새삼 놀랐다는 투이다. 하지만 386세대는 물론, 그 위의 유신 시대 선배 세대들에 이르기까지 이른바 진보 진영을 자처한다면 그 실상을 모르는 이는 아무도 없을 것이다.

운동권 멤버들은 그들이 소속돼 있던 지하써클의 뿌리가 1960년대 초 좌익 이념써클에 뿌리를 두고 연연히 이어져왔다는 것을 자랑으로 알고 있었다. 더러는 통혁당의 신영복에, 소년 빨치산 출신의 박현채에 맥이 닿아 있다는 '사실'에 자부심을 갖고 있었다. 이런 사실을 소위 진보 진영의 원로라는 자들은 전혀 몰랐다는 것인가? 박정희 시대 반유신 투쟁을 하던 사람들은 이런 사실을 전혀 몰랐다는 것인가? 물론 일반 국민들은 잘 몰랐고 그럴 수 있다. 그러나 적어도 선

---

17 「동아일보」, 2013.08.28., "이정희 "용공조작·공안탄압…아버지나 딸이나" 맹비난."

수들, 양 당사자들은 실상을 모두 알고 있었다. 박정희 자신과 반유신 진영 안에 도사린 좌익 세력들은 서로를 정확히 알고 있었다.

이른바 민주 진영 내의 순박한 분자들, 좌익적 용어로 표현하자면 부르주아 민주주의 세력들은 그런 문제들을 잘 몰랐거나 혹은 조금 알아도 대단치 않은 문제로 생각했다. 반독재 민주화라는 명분에 골몰했던 김영삼 등이 대표적으로 그랬다. 그러나 이른바 재야와 긴밀한 관계를 맺고 있었던 김대중 등은 과연 어떠했을까? 어떻든 간에 1971년도 대선 당시 뿌린 김대중의『대중경제론』이라는 소책자의 저자는 마르크스주의자 박현채였다. 김대중의 주변에는 그런 류가 계속 모여들었다.

이른바 민주 진영에서는 늘 독재정권이 민주세력을 탄압하기 위해 용공조작을 전가의 보도처럼 휘둘러왔다고 말해왔다. 그러나 진실은 그 반대다. 전가의 보도처럼 휘둘러졌던 것은 '용공조작'이 아니라 오히려 '용공조작론'이었다.

자생적이기만 했을까?

재야 민주 진영 내에서 이렇게 좌익 세력이 자라나게 된 것은 어느 정도는 자생적인 측면이 있었다. 지식분자들이 좌익 이념에 감염되는 경향은 사실 서구 선진국이나 개발도상국을 막론하고 보이는 매우 일반적인 현상이었다. 정치적 긴장과 갈등이 높은 경우라면 더욱 그러기 쉬웠다. 특히 개도국에서의 '민주'를 둘러싼 갈등은 좌익 이념이 침투하기에 더없이 좋은 환경을 조성한다. 한국도 그런 경우에서 예외가 아니었다. 그러나 한국에서 좌익의 발호가 단지 자생적이기만 했는지에 대해서는 검토가 필요할 것이다. 북한은 박정희 시대에도 내내 대남공작을 멈춘 적이 없었다. 그것이 얼마나 효과적이었는지에 대해서는 별도로 따져보아야 하겠지만 여하튼 북한은 그들 나름의 노력을 멈추지 않았다.

북한의 침투 공작에 대해 말하면 민주 진영은 알레르기 반응을 일으킨다. 지금도 그렇지만 당시에도 마찬가지였다. 하지만 북한이 남한에 대해 아무런 공작을 전개하지 않았다면 그들로서는 그것이야말로 직무유기였을 것이다. 북한의 그 같은 집요한 책동은 이미 4·19와 6·3사태 당시에 부분적으로 드러난 바 있다. 그때만이 아니었다. 북한은 박정희 시대 내내, 다시 말해 유신 시대에도 남한에 대한 집요한 공작을 멈추지 않았다. 그와 관련한 1970년대의 상황에 대해서는 김일성도 밝힌 바 있다.

김일성, "남조선 '통혁당' 조직원 3,000명", 1975년 토도르 지프코프 불가리아 총리 만난 자리서 밝혀

김일성은 2차 인혁당 사건 발생 1년 뒤인 1975년 6월 초 불가리아를 방문했다. 당시 김일성은 토도르 지프코프Todor Hristov Zhivkov 불가리아 총리와 나눈 비공개 대화에서 지령으로 남한 내에 조직된 통혁당(1968년 8월 검거)의 직접적인 인원수를 아래와 같이 밝혔다.

"남조선의 마르크스당黨인 통혁당의 인원수는 많지 않다. 약 3천 명 가량 된다. 통혁당은 각지에 중앙조직이 구성되어 있다. 통혁당원들은 몇 개 공장에 대표를 두고 있지만 불법화됐으며 활동이 약화됐다. 통혁당원들이 (남조선의) 노동자·농민들 속에서 활동케 하고, 공개적인 반反 박정희 활동을 하게 한 결과 지도부가 와해됐다. 이 때문에 우리는 통혁당원들로 하여금 남조선의 합법정당에 참여할 것과 노동자·농민들에 대한 영향력을 증대시킬 것을 지시했다. 남조선의 민주화와 통일을 위해 투쟁하는 주요 세력은 학생들이다. 이들은 대규모 반박정희 데모를 조직화하고 있다. 이들 모두가 활발한 투쟁을 벌이고 있다."

이것은 우드로 윌슨 센터 홈페이지에 게재되어 있는 자료인데 불가리아 주재 동독 대사관이 입수한 정보라고 한다.[18] 김일성의 이 같은 언급은 일종의 과장된 자랑 차원의 주장일 수도 있다. 하지만 김일성과 지프코프 간의 대화에서 보이는 것만큼 북한이 통혁당에 대해, 자신들에 동조할 뿐만 아니라 직접적으로 지시를 받는 좌익혁명 조직으로 간주하고 각별하게 생각했음은 분명하다. 북한이 남한 내의 그 혁명조직과 구성원에 대해 보여준 '동지적 애정'은 그 점을 설명하기에 부족하지 않다.

---

18 'Overconfidence Shattered: North Korean Unification Policy, 1971-1975.' Jul 7, 2011, By Bernd Schaefer, DOCUMENT NO. 13, 'INFORMATION ON THE TALKS BETWEEN KIM IL SUNG AND TODOR ZHIVKOV,' June 18, 1975, https://digitalarchive. wilsoncenter.org/document/114282 (최종 검색일: 2019년 5월 24일).

통일혁명당 신영복의 경우

1978년 12월 우리 정부 협상대표단이 인도 뉴델리에서 베트남에 억류돼 있던 이대용 공사 등의 우리 외교관 송환을 위해 북한 대표단을 만났다. 북한이 공산 베트남에 억류돼 있던 우리 외교관을 데려가려 했기 때문이다. 이 자리에서 북한 대표단은 다음과 같이 말했다.

> "이 회담은 남선(南鮮·남한) 혁명가와 월남에 억류되어 있는 남선 인원
> 과의 교환을 위한 것으로서 … 피고인의 입장에 있는 남선 측은 재판
> 관인 북선(北鮮·북한)의 요구에 따라 본인의 출생지와 거주지에 관계없
> 이 당연히 이들을 넘겨주어야 할 것이다. … 남선 측은 남선 출신 '혁
> 명가'들을 연고자 때문에 못 주겠다고 하고 있는데 그렇다면 우리가
> 그 가족을 함께 받을 용의가 있다."

북한이 이토록 애타게 데려가고 싶어 했던 '남선 혁명가'는 바로 신영복(1941~2016)이었다. 신영복은 1968년 통혁당 사건으로 검거되어 무기징역을 선고받고 복역 중이었다. 당시 우리 측 대표가 북한 출신 남파간첩 및 재일교포 출신 간첩사건 관련자들의 명단을 제시했지만 북한은 "필요치 않다"라며 남한 출신의 통혁당 사건 관련자 인도를 끈질기게 요구했다.

> "남한 출신 혁명가는 정말로 넘겨줄 수 없는가? 남한 출신 혁명가를
> 남한 내 가족문제로 인하여 넘겨주기가 곤란하다면 가족과 함께 넘

겨주면 어떤가? 이 경우 그 가족도 21명 속에 계산할 용의가 있다."
(1978년 12월 4일 1차 회의)

"이 회담은 '남선 혁명가'와 월남에 억류되어 있는 남선 인원과의 교환을 위한 것으로서 '남선 혁명가' 중에는 남한 출신자가 당연히 포함된다. 남한 출신자를 인도할 수 없는 입장이 진정 강하다면 이 회담은 결렬될 수밖에 없다." (1978년 12월 11일 4차 회의)

"남한 출신자는 진정 인도가 불가한 것인가? 그렇다면 회담의 장래를 우려하지 않을 수 없다. 이런 형편이라면 월남(북베트남 공산정부)을 시켜 회담을 그만두도록 할 수밖에 없다." (1978년 12월 15일 6차 회의)

북한의 요구는 집요했다. 다른 각도에서 보자면 대단한 애정이었다. 하지만 당시 이 교섭은 결국 결렬되었으며 신영복 등 '남한 혁명가'들은 북한으로 인도되지 않았다. 그리고 우리 외교관은 이후 베트남과 별도의 교섭을 거쳐 한국으로 돌아올 수 있었다. 북한의 강력한 희망을 한국 측이 받아들였다면 여생을 북한에서 보낼 수도 있었던 신영복은 통혁당 사건에 연루되어 무기징역을 받아 복역한 지 20년 만인 1988년 8월 14일 광복절 특별 가석방으로 출소했다.

그런데 신영복은 출소 이후 자신은 통혁당 사건에 억울하게 연루되었다는 주장을 하기 시작했다. 그러더니 나중에는 아예 통혁당 사건 자체가 조작이라고 주장했다. 예의 용공조작론의 반복이었다. 이른바 민주 진영은 이를 기정사실화하여 전파시켰다. 하지만 이 같은 용공조작론은 통혁당 사건도 남한 변혁운동의 피어린 발자취로 학습하고 또 학습시켰던 386세대 좌익 학생운동권의 입장에 비추어 보면 매우 알량한 강변일 수밖에 없었다. 통혁당을 조선노동당의 지시를 받는 조직으로 간주하고 자랑했으며 그 관련자 신영복의 인도를 집요하게 요구한 북한의 각별한 애정을 감안하면 더욱이 그렇다.

게다가 신영복은 조작을 운운하면서도 김대중·노무현 정권 시절에도 결코 재심을 청구하지는 않았다. 그리고 이른바 과거사 진상 규명 조사 항목에서도 통혁당 사건은 빠졌다. 한편 평양에는 통혁당의 주범으로 사형된 김종태의 이름을 딴 '김종태전기기관차공장'이 있다. 이쯤 되면 '자생'이냐 아니면 '침투 공작'이냐 하는 등의 시비가 무색해진다.

한국의 소위 '민주 혹은 진보' 진영이 용공조작이라고 일컫는 다른 공안사건들, 인혁당과 남민전 사건을 비롯한 수많은 사건들의 경우도 마찬가지다. 자생이었든 아니면 북한의 대남공작 성과였든지 간에 여하튼 그 공안사건들은 '남한 변혁운동의 피어린 발자취'였음은 분명한 것이다. 때문에 그 사건들은 자랑스러워하든 아니면 정반대로 한국에 대한 심각한 위험의 사례로 보든 그 어느 입장에서든 결코 '자유민주'를 위한 것으로 포장할 수는 없는 것이다.

문재인 대통령은 지난 평창 동계올림픽 리셉션 환영사에서 신영복에 대해 "존경하는 한국의 사상가"[19]라고 말한 바 있다. 그리고 베트남을 방문해서는 베트남 공산당의 창시자인 호치민을 "인류의 위대한

---

19 한겨레, 2018.02.09., "문 대통령 '남북 선수들의 가슴에 휴전은 없다'"

인물"이라고 했다.[20] 자신의 자서전에서는 마오쩌둥의 문화혁명을 찬양한 『전환시대의 논리』를 감동적으로 읽었다고 자랑하기도 했었다.[21] 마오, 호치민에 감복하고 신영복을 존경하는 문재인을 어떻게 보아야 할 것인가?

민중신학, 운동 세력의 5가 접수

이 같은 좌익적 경향의 확산에서 또 하나 빼놓을 수 없는 영역은 기독교계다. 1970년대 반유신 투쟁을 거치는 동안 기독교계는 그 중요한 거점이자 후원의 역할을 했다. 물론 기독교계가 처음부터, 그리고 대다수가 그랬던 것은 결코 아니다. 당시 유신에 유감을 품은 대개의 지식인들이 그랬듯이 민주주의에 대한 소박하고 순수한 소망과 열의가 일단은 기본적이었다. 그러나 순진함을 넘어서지 못한 순수함은 불순함을 완전히 막아내지 못한다.

그리하여 유신 시대 기독교계에서 '민중신학'이라는 것이 자라났다. 민중신학이 처음으로 고개를 내민 것은 1975년이었다. 3·1절 기념예배에서 안병무가 신학적 해석의 틀로 민중이라는 용어를 처음으로 사용한 데 이어, 같은 해 서남동이 「신학사상」 4월호에서 '민중의 신학'을 제기했다. 영적 구원보다는 정치적 구원이 신학의 주제가 되

---

20 2018년 3월 23일 베트남 국빈방문 때 호치민의 집을 방문해 그렇게 말했다.

21 문재인 자서전 『문재인의 운명』 참조.

어야 하며, 민중이 현실을 비판하고 새로운 세계를 창조하는 주역이라는 주장이었다.

유신의 한복판인 시점이었다. 반유신 민주화 투쟁을 전개하는 측은 민중신학이야말로 기독교적 양심의 진정한 구현으로 간주했다. 정통 신학은 시대적 문제에 맞서고 응답하길 포기한 화석화된 죽은 말씀이라고 통박했다. 이러한 경향이 서서히 기독교계 전반으로 퍼져나갔다.

유신 시대, 이른바 '민주 진영' 사람들이 교회 쪽으로 꾸역꾸역 모여들었다. 그런데 이들 가운데 상당 정도는 기독교 신자들이 아니었고 단순히 민주화에만 관심을 가진 것도 아니었다. 이미 좌익으로 경도된, 장차 운동권이라 불리게 될 세력들이 배후에 있었다. 이들의 교계 진입은 '투쟁'을 위해 종교적 외피를 활용하고자 함이 주목적이었다. 정권의 입장에서는 종교계 탄압이 될 수 있는 모양새란 언제나 매우 부담스러울 수밖에 없었다. 이 약점을 파고든 것이다.

때마침 기독교계에는 민중신학이라는 그럴듯한 논리가 마치 레드 카펫처럼 준비돼 있었다. 민중신학은 반체제 투쟁을 목적으로 했던 자들의 입장에선 환영의 복음이나 다름없었다. 이렇게 하여 '이러 저러한 여러 교회'로 침투한 '운동 세력'들은 이제 자신들이 똬리를 튼 기독교계를 '5가'라고 불렀다. 기독교회관이 있던 '종로 5가'에 빗대어 그렇게 부른 것이다.

최초에 민중신학을 제기한 이들의 내심을 섣불리 좌파적으로 매도할 수는 없다. 신학적 입장에서 그 나름의 치열한 고뇌를 거친 결과였을 것이다. 그러나 세상의 모든 일이 다 그렇듯 의도의 순수성이 결과의 순결함을 보장하는 것은 아니다. 그들이 의도했든 아니든, 아니

전혀 의도하지 않았다 해도 민중신학은 결과적으로 운동 세력, 그것도 명백히 반종교적인 좌파적 유물론자들의 '목적'에 활용되었다. 이것은 곧잘 한국 민중신학의 비교 대상이 되는 남미의 해방신학과 마찬가지의 경우였다.

정의구현사제단

한편 천주교도 개신교 쪽과 비슷한 일이 진행되었다. 천주교 특히 명동성당은 반유신 민주화 운동에서 중요한 거점이자 보호처의 역할을 했다. 그런 가운데 1974년 지학순 주교의 구속을 계기로 '정의구현사제단'이 결성되었다. 정의구현사제단이 처음부터 어떤 좌익 조직이었던 것은 결코 아니다. 그런데 활동을 거듭해가면서 점차 편향을 갖기 시작했다. 당시 정의구현사제단의 민청학련 사건 및 인혁당 사건 진상 조사, 김지하 구명운동 등은 애초의 의도가 어떻든 좌경적 위험을 안고 있었다.

민청학련은 관련자 모두는 아니었지만 그 상층 핵심부에는 인혁당과의 연계가 의심되는 명백한 좌익 성향의 학생들이 있었다. 차라리 "그게 어때서"라고 한다면 몰라도 무작정 부인하는 건 손바닥으로 하늘 가리기다. 2차 인혁당 사건 관련자들 8명의 사형에 대해 시비가 있었으며 재심으로 무죄 선고를 받기도 했지만 그중 한 명인 여정남의 경우는 반공법 위반에 대해서만큼은 무죄가 인정되지 않았다. 김지하의 경우는 스스로가 자신이 좌익이었음을 밝혔고 심지어 당시 운동권들이 자신이 희생자가 되어 주길 바랐다는 사실까지 폭로했다.

정의구현사제단이 1980년대 들어 국가보안법폐지운동 등까지 하게 된 것도 바로 그런 과정을 거치면서 갖게 된 경향이었다. "좌익이 어때서"라고 한다면 차라리 권리의 주장으로 받아들일 수 있다. 그러나 절대로 좌익과는 관계가 없으며 오직 순수하다고만 하는 것은 강변을 넘어서는 거짓말이다.

01

그늘에서
독초가 자랐다

윗동네 사람들

1980년대 운동권은 1970년대 반유신 투쟁의 맥을 이어받았고 그 속에서 잉태되어 성장했으며 그 성향을 고스란히 물려받았다. 1980년대 학생운동은 3학년 중심 체제였으며 2학년에서 3학년으로 올라가는 겨울방학 때 핵심인력의 조직배치가 이루어지고 그에 맞춘 집중 교양이 이루어졌다. 소수 핵심인력을 상대로 한 일종의 밀봉교육이었다.

겨울방학 시기 그 밀봉교육 현장에서 선배가 등장했고 이렇게 말했다. "너희들도 이제 열심히 활동을 하다 보면 윗동네 사람들도 만날 수 있고!" 윗동네 사람? 누구를 뜻하는 것이었을까?

그게 무엇인지는 나중에 주사파가 본격 등장하면서 분명해졌다. 그리고 긴 세월이 흐른 뒤 이석기 사건이 터지면서 다시 한 번 더 확인되었다. 좌익 지하써클들은 뿌리만 통혁당 등에 닿아 있던 것이 아니었다. 그 당시의 북한 대남 공작선의 손길도 직접적으로 뻗쳐 있었다. 1980년대를 예비한 1970년대 반유신 투쟁 시대에는 어떠했을 것인가?

박정희가 정치적 위기 탈출을 위해 공안사건을 조작했다는 것은 이치에 맞지 않는다. 냉정하게 말해 그 공안사건들 당시 박 정권은 그럴 필요가 없을 만큼 충분히 권력이 강했다. 그리고 당시 그 사건들은 사실 그대로였다. '반독재 민주화'의 기치 이면에 도사리고 있는 용공 좌익 세력은 분명히 있었다.

박정희와 맞섰지만 강력한 반공주의자였던 이철승은 박정희와 타협했다. 그러나 김영삼은 박정희를 온전히 이해할 수 없었다. 결국 김영삼은 재야 진보 진영 즉 다시 말해 좌익 진영과 연계된 김대중 등과 함께 하는 길을 갔다. 이후 한국의 정치사는 그렇게 전개되었고, 때문에 유신 시대는 지금도 공식적으로는 정치적 폭압과 암흑으로 기록되고 있다. 그리고 그때나 지금이나 한결같이 도사리고 있었던 좌익 세력의 문제는 그렇게 '민주'라는 이름 아래 가려진 채 지금껏 이어져 왔다.

그늘에서 독초가 자랐다

1980년대 운동권은 분명 좌익운동이었다. 명백한 마르크스·레닌주의자와 명백한 김일성주의자들이 캠퍼스를 휩쓸었고 노동 현장을 파고들었다. 각양각색의 크고 작은 좌익 조직들이 만들어졌다. 궁극적 지향은 명백히 사회주의로 삼고 투쟁 방법으로 평화적·비평화적 수단의 모든 가능성을 열어두고 있는 조직들이었다. 법정에서 '프롤레타리아 독재가 어때서'라고 당당히 떠들던 자가 있었고, 폭력혁명을 꿈꾸던 사노맹(남한사회주의노동자동맹)도 있었다. 문재인 청와대의 민정수석 조국, 지난 지방선거에서 성남시장에 당선된 은수미가 바로 그 사노맹 소속이었다. '그래 우리는 사회주의자요'라고 하던 인민노련(인천지역민주노동자연맹)이 있었고, 김일성주의 주체혁명을 꿈꾸던 강철서신 그룹도 있었다.

누군가는 그들을 그저 '또라이'라고 했다. 하지만 그런 자들의 발호와 이합집산이 거듭되면서 노동 현장은 민노총 천하가 되어갔고 교단은 전교조(전국교직원노동조합)가 장악하였으며 학계도 좌익 천지가 되어갔다. 그 가운데 반反대한민국적 역사 교과서들이 거침없이 등장했다. 개신교와 천주교, 불교 등 모든 종교계는 물론, 문화계, 언론계 등 사회 전 분야에 걸쳐 전방위적으로 좌익이 헤게모니를 형성해갔다. 심지어 가장 보수적이어야 할 법조계마저도 '우리법연구회' 등이 세력을 형성했으며 이제는 완전히 헤게모니를 장악하기에 이르렀다. 정치판은 어떠한가? 민주당은 이미 김대중 정부 때부터 좌익의 둥지와 숙주가 된지 오래이며 노무현 정부를 거치면서 완전히 좌익정당화政黨化해버렸다. 우리는 지금 그 결과가 무엇인지를 목도하고 있다.

이 어처구니없는 사태의 뿌리는 무엇인가? 민주화의 그늘에서 독초가 자라났다. 자유민주주의를 부인하는 자들이 자유를 방패로 세력을 형성해 자유민주주의 자체를 위협하게 된 것이다. 공산주의도 허용해야 민주주의, 반공은 낡은 것, 좌익 배제는 극우 독재라는 식의 논법이 그럴듯하게 사람들을 현혹했다. 딱히 좌파적이지 않은 사람들도 그래야 선진적인 정치라 믿었다. 다양성을 존중해야 한다는 소박한 믿음이 있었다. 그러나 문제는 그 믿음이 실제로는 다양성을 전혀 존중하지 않는 모순이었다.

자유민주체제는 그 소중한 가치에도 불구하고 약점이 있다. 자유민주체제라면 다양성을 존중해야 한다는 소박한 믿음이 있다. 그런데 그 소박하고 감상적인 믿음에 기대어 그 자신은 전혀 다양성을 존중할 의사가 없는 주의·주장主義·主張이 기생할 수 있다. 자유민주체제는 사상의 자유와 그 연장으로서의 정치적 자유를 보장하는 것을 원칙으로 한다. 그런데 그 자유에 기대어 자유민주주의를 부인하는 자들이 세력을 형성해 자유민주체제 자체를 위협하는 일이 발생하기도 하는 것이다.

가장 교과서적인 자유민주체제라 일컬어졌던 독일의 바이마르 체제는 그렇게 무너졌다. 바이마르 체제를 붕괴시키고 나치즘 전체주의 체제를 확립한 히틀러는 무력으로 정권을 탈취한 것이 결코 아니었다. 철저히 합법적인 정치적 과정을 거쳐 정권을 장악했고 그렇게 하여 바이마르 체제의 민주주의는 종언을 고했다. 민주주의가 민주주의 자체를 사망시킨 것이다.

박근혜 전 대통령의 탄핵 사태에서 문재인 정권의 등장으로 이어지는 경과는 자유민주체제라면 당연히 있을 수 있는 어떤 정치적 과정이 결코 아니었다. 합법을 가장했지만 본질은 선동에 의한 체제 탄핵이었다. '민주'의 이면에서 암약하며 자라나온 독초의 독성이 자유민주체제를 오염시키고 유린했다.

그간 많은 이들은 이른바 1987년 민주화를 긍정적으로 평가하는 데 이론異論을 제기하지 않았다. 산업화에 이어 민주화까지 이룩한 업적이라는 것이 일반적 평가였다. 그러나 그 같은 평가를 지금도 그대로 고수할 수 있는가?

민주정부 3기를 자랑하는 문재인 정권 시대에 들어, 삼성 이재용 부회장 재판의 판결에서 '묵시적 청탁'이라는 논리가 등장했다. 마치 조선시대의 '네 죄를 네가 알렸다'라는 식을 연상케 하는 해괴한 판결이었다. 그런가 하면 어느 판사는 "재판은 정치"라는 말을 했다. 이것은 법치의 부인이나 다름없다. 자유민주주의를 체제로서 지탱할 수 있게 하는 것은 헌정적 법치주의다. 정치가 된 재판은 결국 법치에서 벗어난 인민재판에 자리를 내주게 된다. 그런 인민재판의 선동이 판치게 되면 민주주의도 결국 사망한다. 그리고 그 뒤로는 전체주의가 뒤따르게 된다.

소위 민주세력이라는 자들이 민주주의의 암흑기라며 성토해 마지 않는 유신 시대에도 '묵시적' 운운을 한 적은 없었다. '재판은 정치'라고 한 이도 없었다. 유신 시대와 작금의 문재인 시대, 비교하여 과연 어느 쪽이 더 비정상적인가?

공산주의와 파시즘의 뿌리 자코뱅

많은 이들이 정치적 좌우의 문제를 불가피하고 당연한 것으로 생각한다. 프랑스 혁명 당시 자코뱅Jacobins과 지롱드Girondins 양대 당파를 지칭하던 데서 유래된 이래 좌우라는 이 개념 틀은 이제 정치지형을 설명하는 일반상식으로 통용되곤 한다. 우파가 있으면 좌파가 있는 게 당연하다는 사고방식이다. 그러나 사실 좌파는 그렇게 생각하지 않는다는 것이 함정이다. 처음부터 그랬다. 형식적 구분이 아니라 구체적인 역사적 실체로서의 좌파는 그 첫 주자부터 우파와의 공존을 거부했다. 게다가 그냥 공존 거부가 아니었다. 자코뱅은 계몽과 진보를 기치로 하는 이상을 실현한다며 반대파를 모조리 처형했다. 이러한 공포정치 아래 이른바 앙시앵 레짐Ancien Régime의 반동세력뿐만 아니라 애초 혁명적 이상에 뜻을 같이했던 지롱드는 물론, 자기 당파들까지 대거 단두대로 보냈다.

프랑스의 공포정치는 결코 특수한 경우가 아니었다. 나중에 명실상부한 좌익의 대표 자리를 차지한 마르크스와 그 후예들은 자코뱅적 폭주를 아예 교리적으로 공식화했다. 폭력혁명과 프롤레타리아 독재론이다.

"자코뱅은 자유를 매장했고 또 볼셰비키의 원조일 수밖에 없었다." 프랑스의 역사학자 프랑수아 퓌레François Furet, 1927~1997의 언명이다. 퓌레는 원래 공산주의자였으나 공산당을 탈당하고 전향한 뒤 프랑스 혁명사 연구를 통해 자코뱅과 공산주의 모두에 대해 비판을 전개했다. 퓌레는 프랑스 혁명이 유혈에 대한 탐닉과 광란으로 얼룩진 흑역사였음을 가차 없이 드러냈다. 그리고 그 광란이 결코 외부세력의 침략 때문에 빚어진 것이 아닌, 내부의 통제불능의 극단주의자들 때문이었음을 지적했다. 그것이 바로 자코뱅이었다.

그의 입장에서 마르크스는 또 다른 자코뱅주의자요 볼셰비키는 20세기 판 자코뱅이었다. 사실 이러한 평가에는 마르크스와 레닌도 기꺼이 동의할 것임에 틀림없다. 그런데 퓌레는 여기서 한걸음 더 나아가 마르크스와 레닌은 물론 그 어떤 좌파도 결코 동의하지 못할 지적을 덧붙였다. 볼셰비즘과 파시즘이 근본적으로 동일하다는 것이다. 공산주의와 파시즘은 굳이 따로 구분할 이유가 전혀 없는 한 무리의 전체주의 쌍생아라는 것이다.

물론 그 쌍생아의 운명은 역사 속에서 잠시 엇갈렸다. "볼셰비즘과 파시즘은 이렇게 역사의 극장으로 거의 함께 입장하였다. 파시즘은 그 퇴장과 함께 모든 매력을 상실하였으나 공산주의는 그 스스로 '반파시즘'을 자처하면서 여전히 매력과 생명력을 유지했다."

하지만 이런 엇갈림이 어떻든 볼셰비즘과 파시즘은 근본적으로 동일했다. 그래서 공산주의, 파시즘, 자유국가의 세 진영이 아니라 전체주의 진영과 자유주의 진영 두 개의 진영만 존재했을 뿐이라는 것이 퓌레의 결론이었다. 좌파는 처음부터, 그리고 자유주의적 가치가 광범위하게 받아들여진 지금도 결코 그것을 당연한 것으로 받아들이지 않는다.

세련된 공산주의와 후진적 공산주의?

종북적이지만 않다면 좌파라도 우려할 필요가 없다는 시각이 있다. 그러나 그것은 환상이다. 볼셰비즘과 파시즘을 굳이 구분하는 것처럼 의미 없는 일이다. 비非종북적 좌파는 머릿속에만 존재하는 그림이다. 좌파는 필연적으로 종북이 되고 친북적 경향은 반드시 좌익이 된다. 이것은 한국에선 피할 수 없는 정치적 숙명이다.

북한은 공산주의도 아닌 전근대적 왕조체제라는 평을 하는 사람들도 있다. 그들은 세련되고 선진적인 공산주의가 따로 있는 것처럼 말한다. 그러나 그런 것은 없다. 폭력혁명으로 권력을 탈취하든 선거로 합법적으로 집권을 하든 모든 공산주의는 반드시 지금의 북한 같은 꼴로 전락하기 마련이다.

스탈린과 마오쩌둥은 결코 과도기적 일탈이 아니다. 선거로 집권한 아옌데Salvador Allende라고 해서 별다를 게 없었다. 급진주의적 조치로 칠레를 완전히 망가뜨려놓았다. 피노체트Augusto Pinochet를 어떻게 평가하든 아옌데의 실패는 너무나 명확하다.[22] 그것은 마르크스주의의 본성이자 숙명이다. 이상주의를 내걸고 인간의 이성으로 그것을 달성할 수 있다고 믿으며 그것을 위해 모든 것을 희생하려는 태도가 결국 악마화로 치닫게 만드는 것이다.

---

22 아옌데는 사회주의자로 1970년 칠레 대선에서 사회민주당과 공산당 연합후보로 출마하여 대통령에 당선되었다. 집권 후 급격한 사회주의 정책을 밀어붙였으나 곧 경제 파탄이 발생하면서 거센 국민적 저항을 초래했다. 아옌데 정권은 결국 피노체트의 군부 쿠데타로 무너졌는데, 아옌데는 쿠데타군에 맞서다 소총으로 자살했다. 피노체트는 퇴임 후 집권기의 독재 정치에 대한 책임으로 국제적으로 수배되고 칠레 사법당국에 의해 기소되었으나 2006년 사망하면서 사법적 처벌은 받지 않았다. 그러나 그의 집권 기간(1973~1990) 동안 칠레 경제는 고성장의 기반을 닦아 1982년부터 2007년까지 연평균 6%의 경제성장률을 보였다. 이것은 남미 국가 평균 성장률 2.8%를 현저히 상회하는 것이었다. 현재도 칠레는 경제적으로는 남미 최정상급에 있다.

광명성의 천사가 사탄이 된다

악마가 처음부터 악마였던 것은 아니다. 사탄이 된 루시퍼는 원래 대천사 중의 하나로 미카엘의 쌍둥이이며 광명성의 천사였다. 이 천사가 바로 사탄이 된다. 공산주의의 이상만은 나름대로 인정해야 한다는 자들이 있다. 그렇다면 루시퍼도 그렇다.

종교를 믿든 안 믿든 이 신화적 비유에는 함축이 있다. 비유컨대 마르크스는 세계에 실존한 일종의 루시퍼이며 그 주의자들은 사도들이었다. 그들은 그것을 행동으로 보여주었다. 김정일은 광명성에 비유됐으며, 그들이 쏘아 올린 로켓들의 명칭은 광명성 1·2·3호였다. 야릇한 우연 아닌가? 달리 표현하면 김정일은 루시퍼요 그들의 로켓은 루시퍼 1·2·3호라는 뜻이니 말이다.

과신은 광신이 되고 광신은 폭주를 낳는다. 그리고 폭주에는 악마적 종막이 뒤따른다. 개인이든 집단이든 한계의 자인과 겸손을 잊으면 그런 종막을 맞는다. 지옥이 따로 있는 것이 아니라 그게 바로 지옥이다.

02

서독의
'방어적 민주주의' 체제

방어적 민주주의

방만하고 허약했던 독일의 바이마르 체제는 그 시대 내내 좌우의 격돌로 점철되었다. 그리고 히틀러로 귀결되었다가 결국 주변에 참혹한 피해를 끼친 뒤 독일 스스로 처참하게 몰락했다. 제2차 세계대전이 끝난 뒤 독일은 동서독으로 분단되고 서독에는 자유민주주의 체제가 자리를 잡았다. 그런데 서독에 자리 잡은 그 체제는 여타 서구 국가의 그것과는 조금 달랐다. 서독의 자유민주주의 체제는 '방어적 민주주의' 체제였다.

서독은 바이마르 체제 실패의 경험을 교훈으로 삼아 민주주의를 방어하기 위한 적극적인 법·제도 장치를 마련했다. 우선 연방헌법재판소를 만들었다. 서독 기본법(제21조 2항)은 "정당의 자유를 헌법상의 권리로 보장"하면서도 "그 목적이나 추종자가 자유민주주의 기본질서를 침해 또는 폐지하려 하거나 독일연방공화국의 존립을 위태롭게 하려 하는 정당은 위헌"이라고 규정하고 "위헌 여부를 판단하여 조치"하는 권한을 연방헌법재판소에 부여했다. 연방헌법재판소는 소정의 절차에 의거하여 특정 정당의 '위헌' 여부를 판단하고 그렇게 판단할 경우에 해당 정당은 '해산'되며 '대체 정당'의 설립은 허용될 수 없었다. 서독은 이 기본법에 의거하여 1952년 나치의 부활을 꿈꾸는 사회주의제국당을, 1956년에는 서독공산당을 해산시켰다.

한편 서독은 '민주주의를 방어'할 목적으로 연방헌법수호청 Bundesamt für Verfassungsschutz, BfV이라는 이름의 '정보기관'을 운영했다. 이 정보기관의 임무는 "자유민주주의 기본질서에 반하는 단체나 개인의 활동에 대한 자료를 수집"하는 것이었다. 우리의 국가정보원과 유사한, 아니 그보다 더 강력했던 예전의 안기부 기능에 가까운 연방헌법수호청은 "개인, 단체, 정당의 위헌 행위를 적발하여 연방 및 주 정부의 내무부 장관들과 연방헌법재판소에 조치를 의뢰"할 뿐만 아니라 "독일 내의 모든 공직자들과 공공기관 종사자 임용 시 신원조사를 실시"하는 임무를 부여받았다. 연방헌법수호청은 업무의 중점을 '조기 경보'에 두고 있어서 "정치적 극단주의(좌우를 막론하고)에 대해서는 형법에 저촉되는 행위가 발생하기 전에 이에 대한 사찰査察 실시가 허용"되었다.

서독은 "형법을 위반하거나 헌법질서와 국제적 합의에 반하는 결사를 금지"한 '기본법'의 '결사금지' 조항(제9조 2항)에 기초하여 제정된 '결사법'에 의거, 연방과 주 정부의 내무부 장관들에게 '단체 해산 명

령권'을 부여했다. 이에 따라 1964년 '결사법'이 공표 및 시행된 이후 서독에서는 1993년까지 모두 971개의 단체가 '반국가 위헌 단체' 혐의로 해산되었다. 이뿐만이 아니었다. 동방정책을 추진했던 빌리 브란트Willy Brandt의 사민당Social Democratic Party of Germany정부는 1972년 1월 28일 '급진주의자 처리에 대한 훈령'을 공표하여 시행했다. 이 훈령은 지위 고하를 막론하고 모든 '공직 희망자'들에게 '기본법에 명시된 자유민주주의 기본질서에 대한 충성 서약'을 의무화하고 이를 통해 모든 공직자들과 공공기관 종사자들에게 "담당 직무와 무관하게 자유민주주의 수호를 위해 적극적으로 노력하겠다"라는 약속을 요구하는 것이었다.

이 훈령에 대해서는 서독에서도 당연히 좌파 지식인과 정치세력으로부터 거센 위헌 시비가 제기되었다. 그러나 연방헌법재판소는 1975년 5월22일 슐레스비히-홀슈타인 주Schleswig-Holstein (현재 독일 16개 연방주 중 최북단에 있는 주) 정부가 이 훈령에 의거하여 취한 한 조치에 대해 제기된 무효화 소송에 대해서 "주 정부의 조치가 정당하다"라는 합헌 판결을 내렸다.[23] 이 훈령에 따라 1983년까지 약 350만여 명의 공공부

---

23 재미슈(H. Samisch)라는 법대 졸업생이 제1차 사법시험(국가고시)에 합격한 후 1972년 슐레스비히-홀슈타인 주(州) 예비사법관 연수과정을 지원했으나, 주(州)의 법무장관과 대법원장에 의해 임용이 거부됐다. 그가 대학 재학 중 약 40회에 걸쳐 '붉은 세포 법률'이라는 공산주의 학습단체에 참여했다는 사실이 헌법보호청에 의해 포착되었기 때문이었다. 이에 재미슈는 주(州) 행정법원에 소(訴)를 제기했고, 주 행정법원은 연방헌법재판소에 심판을 청구했다. 이에 대해 연방헌법재판소는 슐레스비히-홀슈타인 주의 조치가 합헌적인 것으로 최종 판시했다. (「월간조선」, 2003.08., "브란트 정권, 동방정책 펴면서도 「급진주의자 훈령」 제정, 350만 명에 대해 충성 심사, 2,225명을 임용 거부-전투적 민주주의, 독일의 경우 反체제 운동 경력자에게 公職 취임을 금지.")

문 취업 희망자에 대한 자격심사가 실시되었고 주로 '공산당'과 '공산계열 조직'이나 '극우 조직' 구성원으로 드러난 2,250여 명의 공직 임용이 거부되었다. 이 훈령은 1990년 10월 3일 서독에 의해 동서 독일이 통일된 후에도 곧바로 폐지되지는 않고 1991년 12월 31일에야 바이에른 주州를 끝으로 일단 폐지됐다. 그러나 훈령은 폐지되었지만, 독일 연방헌법보호청은 구舊동독 공산당의 후계정당인 민주사회당 PDS에 대해 위헌 소지 여부를 감시하고 헌법보호보고서[24]를 통해 활동 내역을 공개하는 등, 본래의 경계 태세는 그대로 유지하고 있다.

서독은 괜찮지만 한국의 유신은 잘못된 것인가?

유신 시대를 '야만적 폭압의 시대'라 일컫는 자들은 다음과 같은 질문에 답할 수 있어야 한다. 서독의 방어적 민주주의 체제는 유신체제보다 과연 얼마나 민주적이었나? 동서독 통일 이후 동독의 슈타지STASI 문서 공개로 밝혀진 바에 의하면 서독이 그토록 강력한 '방어 체제'를 가동했음에도 서독 도처에는, 심지어 브란트의 주변에 이르기까지, 동독의 간첩이 득실대고 있었다. 그 당시와 지금의 한국은 과연 어떨 것 같은가?

필자는 또 한 가지 그들에게 묻고 싶다. 남북한 대치 상황의 엄중함은 과연 동서독의 대치보다 덜했던가? 서독과 동독은 전쟁을 한 적

---

24 www.verfassungsschutz.de에 영문 게재.

은 없었다. 하지만 한국은 건국 불과 2년 만에 북한 공산세력의 침략을 받아 3년에 걸친 혈전을 치른 나라였다. 뿐만 아니라 박정희 시대에도 북한은 대남공작뿐만 아니라 직접적인 도발 책동을 거의 하루도 거르지 않았다. 급기야 북한은 김신조 등의 무장부대를 남파시켜 직접적인 청와대 공격에 나서기까지 했다. 하지만 동독이 서독의 수상 관저를 습격하는 것 같은 일은 결코 일어난 바 없었다.

닉슨 독트린의 시대, 북한과의 교류 강화를 통한 평화를 추진하고 소련과 중국이 드디어 남한에 대해서조차 영향력 행사를 공식화할 수 있도록 하는 것이 옳았다고 할 수 있는가? 경제발전과 안보태세 강화에 대해서는 관심도 능력도 없으면서 오직 '독재-민주'만 떠드는 세력들이 과연 한국의 자유민주주의 체제를 지키고 발전시킬 수 있었을 것인가? 결론적으로 당시 유신은 한국의 자유민주체제를 궁극적으로는 수호한 것이인가 아니면 훼손한 것인가?

이 물음에 대해 박정희 대통령은 1972년 10월 17일 유신을 선포하는 대통령 특별선언에서 이미 다음과 같이 답하고 있다.

"우리는 자유민주체제보다 더 훌륭한 제도를 아직 갖지 못했습니다. 그러나 아무리 훌륭한 제도라 하더라도 이를 지킬 수 있는 능력이 없을 때에는 이 민주체제처럼 나약한 체제도 또한 없는 것입니다. 나는 지금 우리 민주체제에 그 스스로를 지켜나가며, 더욱 발전할 수 있는 활력소를 불어넣어 주고 (…) 번영의 기틀을 마련하고자 이 개혁을 단행하고자 하는 것입니다."[25]

장식으로 전락한 '민주론'은 자유민주체제의 수호를 위한 답이 아니다. 예전에도 그랬지만 지금도 그렇다. 이제 우리는 화석화된 '반유신 민주론'과는 다른 답변을 해야 한다.

25 행정안전부 국가기록원 대통령기록관(http://www.pa.go.kr/research/index.jsp), 「10월(十月)17일(十七日)」 대통령특별선언(大統領特別宣言), http://www.pa.go.kr/research/contents/speech/index04_result.jsp (최종 검색일: 2019년 5월 24일).

03

한국의 자유민주체제는
상시적 비상체제일 수밖에 없었다

이념과 체제의 대결은 피할 수 없는 숙명이었다

박정희 시대의 '한강의 기적'은 결코 우아하게 양탄자 길을 걷듯이 이뤄진 것이 아니었다. '일하면서 싸우고 싸우면서 일하는' 처절한 분투의 장정長征이었다. 이 지난한 걸음걸음을 무시하고 박정희 시대의 정치사를 논할 수는 없다. 한국의 자유민주주의 역사에서 가장 중요한 대결 구조는 결코 독재와 민주의 대결이 아니었다. 대한민국이 선택한 자유민주체제의 근본을 부정하고 위협하는 세력과의 싸움이 근원적인 대결이었다. 처음부터 그랬으며, 대한민국의 현대사 내내 단 한 번도 멈춘 적이 없는 싸움이었다.

이 근원적 대결의 문제를 외면하는 것은 둘 중 하나일 수밖에 없다. 철이 없거나 아니면 불순하거나이다. 그런데 언제나 그렇듯 둘 중

하나만 있는 것은 아니다. 어리석음과 불순함은 늘 동반하기 마련이다. 무지는 불순에 놀아나고 불순은 무지를 숙주로 한다. 우리 정치사는 과연 어떠했는가? 암약하는 불순함과 그에 놀아나는 어리석음의 우행愚行이 멈추지 않았다. 그에 대한 대응은 비난받아야 하는가 아니면 이해되어야 하는가?

이념과 체제의 대결은 대한민국이 처음부터 피할 수 없이 짊어져야 할 숙명이었다. 대한민국의 탄생 자체가 양립할 수 없는 이념 가운데 하나를 '선택'하는 것이었다. 국가에도 운명이 있다면 그것을 결정하는 가장 중요한 요소는 이념이라 할 것이다. 그 선택이 남북의 운명을 갈랐다. 대한민국은 성공했고 북한은 실패했다. 북한은 잘못된 이념의 선택이 가져온 재앙이 무엇인지를 보여주는 살아있는 본보기다. 반대로 한국의 성공은 올바른 이념의 선택이 얼마나 중요한지를 보여주는 증명이다.

하지만 그 이념의 선택이 자동적으로 한국의 성공을 보증한 것은 아니었다. 선택이 빛을 발하기 위해선 지켜져야만 했다. 혈전이 있었다. 신생 대한민국은 북한을 앞세운 국제 사회주의 진영의 침공에 맞서 대한민국이 선택한 이념과 체제를 지키기 위해 피의 전장을 지나야 했다. 그리고 그 이후로도 그들의 끊임없는 도발에 맞서 나가야 했다.

'타락'이 '비상'을 비난할 수 있나?

1987년 6월의 민주화는 존재하지 않았던 민주주의의 쟁취가 아니다.

1948년 8월 15일 이승만 대통령의 대한민국 건국은 그 자체가 자유민주체제를 수립한 혁명이었다. 다만 한국의 자유민주체제는 6·25를 도발하고 이후로도 끊임없이 우리를 위협해온 북한과의 대결 속에서 수호되어야 하는 것이었다. 그래서 한국의 자유민주체제는 상시적 비상상태 하의 방어적 민주주의일 수밖에 없었다.

1987년의 민주화는 박정희 시대 이래의 산업화와 경제발전의 대장정으로 그 기반이 더 튼튼해진 우리의 자유민주체제가 그 비상상태를 완화할 수 있게 된 것으로 이해되어야 한다. 그 의의가 지켜지기 위해서는 이념적 건강성이 지켜져야 했다. 하지만 1987년 체제의 지난 30년은 그 건강성이 잠식되는 과정이 되고 말았다. '체제 타락'이 진행된 것이다.

1987년 6월 항쟁의 주역임을 자부하는 이들은 '민주화'를 신성의 반열에 올려놓고 있다. 하지만 그들이 내세우는 그 민주란 기실 자유민주주의가 아니다. 그때 그들이 자유민주주의를 위해 싸웠다고 하면 기만 혹은 당시의 자신들에 대한 자기 모독이다. 지금 현 정권의 주요 포스트를 장악하고 있는 그 시절의 운동권 양대 세력 출신들 모두가 그렇다. 민족해방NL파이든 민중민주PD파이든 이들은 표면적으로는 '민주화'를 내세웠지만 그것은 자유민주주의가 아니라 그 다음 단계의 궁극적 변혁을 위한 과도적 단계였을 뿐이다. 당시 운동권에서는 자유민주주의를 의미 있게 논하면 아직 이념적 학습이 덜 되어 부르주아적 한계에서 맴돌고 있는 부류로 취급될 뿐이었다.

문재인 대통령은 베트남의 적화와 중국의 문화혁명의 광란을 찬양하는 『전환시대의 논리』를 감동적으로 읽었다고 했다. 주체사상을 신봉하던 자와 사회주의 혁명을 꿈꾸던 조직의 일원이었던 자가 그를 보좌하는 자리에 앉았고, 도처의 요직에 그런 류의 인물들이 기용되었다. 이들은 지금 대한민국의 번영을 이끌고 또 수호해온 우리의 근간의 원리와 체제를 한꺼번에 흔들고 있다. 그러면서 우리를 위협하는 주적主敵 북한의 연이은 도발에는 밑도 끝도 없는 '대화'를 계속 반복하고 있다. 그런 가운데 대한민국은 지금 실로 전례 없는 내외 위기로, 가히 존망의 기로로 치닫고 있다. 체제 타락의 귀결점이다.

5·16은 쿠데타였든 아니든 4·19 이후 혼돈으로 치달으며 궤도 이탈의 위험마저 보이던 혼란을 바로잡았다. 민족적 감상이 어떻든 한일협정의 타결이 없었으면 한국의 경제발전은 본궤도에 오를 수 없었다. 그리고 유신이 있었다. 유신체제는 분명 비상체제였다. 그러나 존망의 위기를 부르고 있는 '타락'이 '비상非常'을 비난할 자격이 있는가?

박정희 시대의 경제적 업적을 부인하는 이들은 드물다. 그러나 그 성과는 결코 경제정책 자체만으로 이뤄진 것이 아니었다. 건국 초부터, 아니 그 이전부터 이승만을 거쳐 박정희 시대에도 내내 대한민국의 기본 이념과 체제를 의심하고 부인하는 세력들이 계속 이어졌다. 그들은 기회가 있을 때마다 거듭 준동하며 도전하기를 멈추지 않았다. 박정희 시대의 경제발전은 처음부터 끝까지 그들을 제압하는 가운데 이루어진 것이었다.

그 '정치'를 부정하면서 단지 '경제적' 성과만을 겨우 인정하겠다는 것은 상식에 합당한 평가가 될 수 없다. 더욱이 '경제적' 성과는 기꺼이 누리겠지만 '정치적'으로는 비난만을 퍼붓겠다면 몰상식도 넘어선 파렴치다. 박정희 시대는 그 시대의 과제가 있었고 그 과업을 위해 피할 수 없는 정치가 있었다. 그래서 그 정치는 그에 합당하게 평가돼야 한다. 뿐만 아니라 박정희 시대의 정치는 그런 불가피함의 측면에서만이 아니라 위대한 성취를 이끈 긍정적 정치로도 적극적으로 평가되어야 한다.

04

박정희 정신을 잊은
대한민국의 위기

'하면 된다'라는 정신이 이끌었던 시대

'할 수 있는 일'을 하는 것은 쉽다. 그러나 '해야 할 일'을 하는 것은 어렵다. 해야 할 일은 많은 경우 '불가능'이라는 차가운 얼굴을 하고 있다. 그래서 사람들은 해야 할 일이 무엇인지를 알아도 그 냉소 앞에서 '안 된다'라는 체념을 뱉으며 돌아서기 일쑤다. 하지만 그는 그러지 않았다. 그는 "하면 된다"라고 했다. 그가 박정희였다.

박정희가 집권하던 무렵 한국은 1인당 GNP 80달러 수준으로 유엔 가맹국 125개국 가운데 105위의 나라였다. 당시 북한의 GNP는 약 240달러 수준의 50위권이었고 말하자면 중진국이었다. 필리핀이 800달러 남짓으로 아시아에서 일본 다음의 소득수준을 자랑했다. 그러나 당시 한국의 피폐상은 수치가 말해주는 것 이상이었다. 6·25전쟁이 끝난 지 8년이었고 원래도 변변찮았던 한국의 산업 현장은 전쟁의 포화로 다 무너진 상태였다. 북한에선 여전히 남한을 향해 총을 겨누고 있었지만 한국은 군인들에게 봉급조차 제대로 줄 수 없는 상태였다. 도시에는 일자리가 없었고 농촌에는 보릿고개의 굶주림이 숙명처럼 반복되고 있었다.

그 처절한 가난의 나라가 박정희 집권 18년간 천지개벽이라는 말로도 형용할 수 없는 발전을 이룩했다. 그리고 그때 닦인 경제적 기초는 대한민국을 마침내 오늘날 세계 10위권의 경제 대국으로 발돋움하게 만들었다. 박정희가 등장하던 그때 그 시절, 이 같은 성취가 가능하다고 본 사람들은 나라 밖에도 없었지만 나라 안에도 없었다. 모두가 "안 된다"고 했다. 그러나 그는 "하면 된다"고 했고 대한민국은 결국 "해냈다."

불가능을 뚫고 위대한 성취를 이룩한 인물을 영웅이라 한다. 그리고 우리는 그런 시대를 영웅시대라 한다. 그렇다면 박정희 시대는 실로 영웅시대라 부르기에 부족함이 없는 시대다. 한 시대에 딱 한 명정도만 등장해도 한 국가를 먹여 살리는 데 부족함이 없을 만한 기라성 같은 인물들이 경제건설의 전장에 줄을 지어 등장했다. 삼성, 현대, LG 등 오늘날 세계를 누비는 한국 기업을 반석에 올린 경제적 거인들이 앞을 다투어 등장했다.

국민들도 모두 함께 뛰었다. 이역만리 타국에서 시체를 닦는 간호사로, 석탄을 캐는 광부로 시작하여 열사의 사막과 정글의 진흙탕을 마다않고 뛰었다. 새벽종이 울리는 아침부터 새마을을 만들고자 기꺼이 땀을 흘렸다. 그 선두에 박정희가 있었다.

위대한 시대에는 그만한 인물과 함께 그럴만한 정신이 있다. 박정희는 1961년 5·16 혁명 직후 직접 쓴 『지도자도指導者道』[26]란 책에서 "우리 사회가 불타오르겠다는 기름油 바다라면, 이 바다에 점화 역할을 해주는" 것이 지도자의 역할이라고 했다. 그는 "이를 위해서는 안일주의, 이기주의, 방관주의 및 숙명론자로부터 탈각하여 국민이 부르짖는 것을 성취하도록 이끌어가야 한다"라고 했다. 바로 '하면 된다'의 정신이다. 이 정신이 위대한 성취의 시대를 이끌었다.

위대한 시대가 끝나버렸다

그런데 지금 우리는 그 위대한 성취의 시대가 끝났음을 느끼고 있다. 고도성장을 당연시했을 만큼 활력 넘쳤던 경제가 어느 땐가부터 침체의 늪에서 허덕이고 있다. 그럼에도 상황 타개 역할을 해야 할 정치가 반대로 나라를 더욱 혼돈에 빠져들게 했다. 그러더니 이제는 급기야 대한민국의 그 위대한 성취 모두를 부정하는 세력이 권력을 탈취했다.

단순한 위기가 아니다. 난맥에 더해진 협잡과 선동에 법치와 헌정이 무릎을 꿇었다는 점에서 대한민국 체제 자체의 타락이다. 최소한의 양심조차도 내팽개친 언론들이 황색의 난장을 연출하고, 거기서 불순한 무리들은 기회를 포착했다. 대중들은 사실과 진실을 미처 알

---

26 『지도자도: 혁명과정에 처하여』(指導者道: 革命過程에 處하여). '지도자의 길'이란 뜻으로 5·16 이후 박정희 소장이 혁명의 당위성을 설명하고 자신의 사상을 알리기 위한 목적으로 쓴 35쪽 분량의 소책자이다. 1961년 6월 16일 국가재건최고회의에서 발행되었다.

기 전에 선동에 먼저 사로잡히며 광장의 무리를 이루었다. 양식을 잃지 않은 적지 않은 국민들이 그에 맞서기도 했으나 명색이 헌법재판관이라는 자들이 거짓이 불러온 흥분에 영합하는 길을 택하고 말았다. 그리고 선동세력이 정권을 장악했다.

이것은 단순한 정권교체가 아니다. 탄핵 사태의 이면에는 끊임없이 체제 전복을 획책해온 무리들이 있었음을 부정할 수 없다. 이들이 대한민국의 법치와 헌정을 무릎 꿇게 했고 그 여세를 몰아 권력을 잡았다. 우리는 지금 그 결과가 무엇인지를 목도하고 있다. 대한민국의 기적과도 같은 번영의 바탕이 된 자유민주체제가 형해화되고 대한민국이라는 나라 자체가 도난당할 위험에 처했다.

어쩌다 이 지경이 되었는가? 일견 사건적 계기로 빚어진 듯 보이지만 결코 돌발적으로 닥쳐온 일이 아니다. 중대한 모든 사태에는 그만한 연원이 있듯이 지금 겪고 있는 이 사태에도 뿌리가 있다. 우리는 이번 사태의 전개 과정에서 거짓에 휘둘린 광장의 광기에 진실과 상식이 힘없이 유린되는 것을 목도했다. 이것은 대한민국의 국민정신에 적신호가 왔음을 드러낸다. 말 그대로 '붉은' 신호다. 바로 거기에 오늘의 위기를 불러온 심층의 병근이 있다.

정신이 무너지고 있다

한 세대가 넘는 세월 동안 우리의 번영을 지탱해왔던 '위대한 정신'에 어느 틈엔가 의심이 깃들고 불건강의 싹이 자라났다. 자신의 "처지를 약진의 발판으로 삼아, 창조의 힘과 개척의 정신을 기른다"라는 의지와 성취의 정신이 실종되었다. "자유와 권리에 따르는 책임과 의무를 다하기"보다는 권리만을 앞세운 무책임과 불평불만이 목청을 높이기 시작했다. 여기에 선동이 가해졌다. 허약해지고 불만에 찬 정신들이 그에 반응하기는 너무나 쉬웠다.

만약 이 같은 일들이 단지 사회경제적 상황의 객관적 악화만을 배경으로 한 것이라면 불건강이라는 말을 할 수는 없다. 그러나 그렇지 않다는 데 문제가 있다. 취업난이라고 하지만 사실은 일자리가 없는 게 아니라 원하는 일자리, 이른바 '고급진' 일자리가 없다는 것이다. 한쪽에서는 구인난으로 외국인 노동자들이 자리를 채우고 있지만 취업준비생들은 결코 그리로는 향하지 않으려 한다. 그러면서 일자리 세습조항까지 만든 민노총 귀족노조 철밥통에는 저항도 하지 않고 그들의 선동에는 시도 때도 없이 놀아나고 있다. 대기업의 일자리를 바라면서 그 총수를 말도 안 되는 이유로 구속하는 것에 박수를 보내고 대기업을 때려잡겠다는 자들을 지지했다. 재벌개혁의 내용이 무엇인지는 잘 모른다면서 재벌개혁에는 '아무튼 찬성'이고 그러면서도 재벌기업에 취직은 하고 싶어 한다.

인지상정이라고 할 수 없다. 이것은 정신의 와해다. 시체를 닦고 지하 1,000m 막장의 갱도를 마다하지 않았던, 위대한 개발시대의 문을 열고 지탱했던 그 정신이 끊어져 가고 있다. 땀의 치열함을 비웃는 '노력충蟲'이라는 말과 '헬hell조선'이라는 당치 않은 언사가 유행을 탔다. 남 탓 나라 탓이 만연하고 있으며 스스로 일어서는 자조·자립의 정신은 뒷전으로 밀려나 '뜯어먹기'가 '경제정의正義'라는 이름으로 행세를 하고 있다. 비용과 세금을 누가 낼지는 묻지도 따지지도 않은 채 너도 나도 '여하튼 더 많은 복지'를 외치고 있다.

이 같은 풍조의 어느 정도는 성장과 발전이 가져온 풍요의 부산물일 수 있다. 하지만 그게 전부가 아니다. 지금 우리 사회가 앓고 있는 진통은 자연스러운 정도를 넘어서 있다. 자연스러운 게 아니라면 결국 인위적 요인이다. '좌경화된 386세대'의 문제가 그 핵심에 있다.

386세대, 그리고 87년 체제

1987년 민주화는 산업화에 뒤이은 민주화의 성취라는 역사적 평가를 받고 있다. 그러나 그것은 겉만 보고 내린 평가일 뿐이다. 386세대는 87년 체제 주역의 하나이자 향유자이다. 그런데 문제의 이 세대가 전반적으로 좌경화에 감염됐다는 것이 사태를 간단치 않게 했다. 물론 87년의 계층적 차원에서 진정한 주역은 그 이전 산업화의 성공으로 성장한 '넥타이 부대'로 상징되는 중산층이었다. 그런 점에서 87년의 민주화는 결과적으로 박정희 개발시대의 성공과 풍요가 선사한 또 다른 선물이었다. 하지만 그로부터 30년이 경과하는 가운데 그 선물은 변질되고 급기야는 탈취되고 말았다.

386세대는 민주화 투쟁이라는 기치로 거리로 나섰지만 그 깃발의 이면에는 좌경화된 이념이 도사리고 있었다. 80년대의 대학가는 광범위하게 좌경화되어 있었다. 지하 운동권 조직은 깊고 넓게 펴져 있었으며 직접적으로 가담하지 않은 부류들이라 해도 동조화는 일반적이었다. 마르크스·레닌주의가 일찌감치 주류를 형성해 있었던 데 더해 북한을 추종하는 주사파(주체사상파)도 노골적으로 모습을 드러내고 드디어는 운동권의 주도권을 장악하기까지에 이르렀다. 87년 항쟁 전야에 이미 그 모든 것은 형성되어 있었다.

87년 민주화 이후 이 386세대가 본격적으로 사회 진출을 하면서 좌경화된 이념집단도 우리 사회 전 영역으로 퍼져갔다. 노동운동은 이미 말할 것도 없었고 교육계, 학계, 언론계 그리고 법조계로도 들어갔다. 정치권으로의 유입은 물론이었다. 이렇게 광범위하게 침투되고 퍼진 좌경화 세대가 성장하면서 87년 체제는 민주화를 넘어 체제 자체가 왼쪽으로 기울어갔다. 그러면서 어느덧 예전에는 일탈이었던 급진이 상식의 자리를 꿰차고 대한민국의 자유민주체제를 비웃는 주장이 '민주'와 '진보'라는 이름을 차지했다. 그런 가운데 '하면 된다'라던 박정희의 외침은 국사 교과서에서도 낡은 시대 독재자의 싸구려 구호였던 마냥 취급되고 있다. 대한민국의 위대한 성취를 이끌었던 개발 연대의 정신은 무대에서 밀려나 이제 기념관에서나 만날 수 있는 것이 되어버렸다.

가랑비에 젖어가듯 진행된 과정이었다. 하지만 그냥 이뤄져간 일들이 아니었다. 목적의식적이고 집요한 책동이 있었다. 386세대의 좌경화된 운동권 집단들이, 박정희 시대를 성인成人으로서 살아오지도 않고 직접 겪어 알지도 못하는 자들이, 그 시대를 부정하는 일을 끈질기게 이어갔다. 그리고 그 시대에 태어나지조차 않았던 세대들에게 그 부정적 인식을 꾸준히 주입시켰다. 그리하여 '하면 된다'라는 노력의 정신은 '노력충'이라는 말로 조롱당하고, 위대한 성취의 나라 대한민국이 '헬조선'으로 매도되는 어처구니없는 상황에 이르렀다.

　이탈리아 공산주의자 그람시Antonio Gramsci가 제창한 진지전이라는 전복顚覆전략이 한국에서 실현된 것이나 다름없다. 대한민국의 정통성과 자유민주체제의 정당성을 부정하며 늘 체제 전복을 꿈꿔온 자들이 강력하게 세력을 형성하고 우리 사회 전 영역에서 헤게모니를 행사하고 있다. 그리고 이들이 지금 대한민국의 최종 권력을 장악하고 그 의도를 노골화하기에 이르렀다. 돌이켜보면 그런 점에서 87년 체제는 20세기 한국판 국공합작 체제나 다름없는 것일 수도 있다. 민주화라는 구호의 이면에 도사린 좌경세력으로 하여금 활개를 칠 수 있는 문을 열어 준 것이다. 그리하여 중국에서 국공합작이 보잘것없었던 공산당 세력에게 성장의 기회를 주고 마침내는 탈권을 가능케 했던 것과 같은 일이 한국에서도 벌어지고 있는 것이다.

되살아난 사농공상

늘 민주를 팔아온 좌익들은 이제나 저제나 끊임없이 민주주의의 위기를 떠들었다. 하지만 작금 민주주의의 위기는 민주팔이 좌익들이 떠들어대듯 이른바 반민주 독재 세력에 의한 것이 아니다. 민주를 빙자한 자들과 그에 놀아난 떼거리들에 의한 위기가 본질이다. 산업화에 이은 민주화의 성취로 일컬어지던 87년 체제는 이제 더 이상 '자유민주'의 체제일 수 없게 되었다. 인민민주주의에 87년 체제를 빼앗겼다. 그런데 인민민주주의에는 필연적 운명이 있다. 결국에는 인민적이지도 민주적이지도 않게 된다는 것이다. 이미 그 조짐은 나타났다.

　조선시대, 반정反正으로 왕王을 쫓아낸 뒤 권위의 자리를 차지한 것은 백성이 아니라 사림士林이었다. 21세기의 한국도 그렇게 됐다. 승리를 차지한 것은 국민이 아니라 광장을 부추겨 국민을 우롱한 패거리들일 뿐이었다. 언론이 먹물 선비처럼 떠들고 386 정치꾼들이 사림처럼 행세를 하게 되었다.

　우리는 일명 '기레기' 선비들이 신문이라는 21세기판 상소장上疏狀에 아무렇게나 갈겨쓰기만 하면 바로 '네 죄를 네가 알렸다'라고 할 수 있는 행태를 목도했다. 기업인이라는 공상인工商人들은 이제 결사의 자유도 없으며, 21세기판 사림 완장들이 자기들 마당 앞으로 호출하기만 하면 머리를 조아리고 훈계를 들어야 하는 모습도 보았다.

　광장에 도취된 자들은 '국민의 승리'라고 환호했지만 사실은 국민은 패배했고 승리한 것은 새로운 양반 패거리들이다. 국민은 법치국가의 국민다운 양식을 잃고 민심民心이라는 굴레로 묶이는 백성百姓이 됐을 뿐이다. 박정희가 그토록 배격해 마지않았던 사농공상士農工商의 시대가 재래한 것이다.

　만약 세계 역사가들이 일찌감치 조선시대를 알았다면 사회주의는 결코 시도되지 못했을 것이다. 조선의 피폐는 다른 무엇에 앞서 이념적 재앙이요 정신적 재앙이었다. 상공商工을 경멸했던 그 체제는 미리 등장한 사회주의와 다름없었다. 천하지대본天下之大本이라 했지만 결국에는 상놈에 지나지 않았던 농農은, 주인으로 떠받들어졌지만 실제로는 단지 구속된 피지배층에 지나지 않은 사회주의 인민의 앞선 모습이었다. 농공상農工商 그 모두 앞에 떡하니 자리를 잡은 사士는 조선판 노멘클라투라nomenklatura였다. 후대의 사회주의가 그랬듯이 조선의 성리학판 사회주의 사농공상의 체제도 가난과 피폐만을 남기고 몰락했다.

숭문주의가 자랑인가?

그런데 조선은 후대의 사회주의 국가도 그러지 않았던 문제까지 안고 있었다. 숭문주의라는 독소였다. 양반兩班은 본래 문반文班과 무반武班을 함께 일러 칭하는 것이었다. 그러나 그것은 이름만의 것이었을 뿐, 조선시대에 무武는 자리가 없었다. 문文이 모든 것에 앞서 있었다. 왜란倭亂의 참상을 겪고 그 얼마 뒤 또다시 두 차례의 호란胡亂을 겪은 나라였음에도 성리학性理學과 도학道學만 읊조리는 사림 양반들은 결코 칼을 잡을 생각을 하지 않았다.

그들에게 군역軍役이란 상놈들이나 맡아야 하는 천한 일일뿐이었다. 조선이 숭앙했던 성리학을 낳은 중국의 송나라가 그랬듯이 조선은 군인을 천시했다. 그리고 숭문崇文의 송宋이 군사집단 여진·거란에게 연거푸 유린되고 몽골군단에 최종적으로 무너지듯 조선도 망국의 길을 갔다. 그런데 조선은 관군의 변변한 저항조차도 없었다. 제대로 된 군대 자체가 없었기 때문이다. 군軍의 전통이 실종돼버린 숭문주의 나라의 당연한 귀결이었고, 그게 바로 조선이었다.

숭문주의는 사농공상과 양면을 이루는 짝이었다. 먹물에 젖어있는 자들에게는 상공商工도 무武도 하찮기에는 그저 마찬가지일 뿐이었다. 그래서 조선은 내내 부국富國도 강병强兵도 없었다. 양반들은 말끝

마다 백성을 앞세웠지만 그들이 백성을 진정으로 존중한 적은 단 한 번도 없었다. '나라가 나라가 아닙니다'라고 했지만 나라를 지키기 위해 스스로 칼을 잡을 생각은 꿈에도 하지 않았고 기만과 허위의 체제였다. 박정희는 그 기만적 허위의식과 대결했다.

군인이 어때서?

박정희는 군인이었다. 그러나 군인이라서 어떻다는 것인가? 군인임은 박정희의 불명예가 아니라 자랑이요 명예다. 세계사적 보편에 비추어 볼 때 무武를 천시한 조선의 숭문崇文이 오히려 예외적 불명예다. 국가의 지도층, 지배층은 궁극에는 무武가 아니면 안 된다. 그래야 나라를 지킬 수 있기 때문이다. 국가지도자로서의 박정희라는 인물이 군인 출신이었음은 신생 대한민국이 과거 조선의 비겁함을 넘어섰음을 보여준 자랑일지언정 불명예일 수 없다.

　더욱이 박정희는 군인이었지만 그냥 군인이 아니었다. '상공商工을 존중하는 군인軍人', 이것이 바로 그의 정신을 특징짓는 묶음이었다. 그는 "능률과 실질을 숭상"하자고 했다. '능률과 실질'은 상공과 군을 함께 관통하는 공통의 특성이다. 생사를 오가는 전장에는 허세가 자리할 곳이 없으며 계산서에는 수식어가 필요 없다. 바로 이 정신이 위대한 개발시대를 이끈 또 하나의 핵심이었다.

　박정희를 깎아내리는 자들은 군 운운을 입에 달고 다니며 폄훼를 하곤 한다. 그러나 군인 박정희에 대한 그 같은 언사는 결국 그 자신이 지닌 문존무비文尊武卑라는 악성 DNA의 자기 폭로일 뿐이다. 그런데 이 악성 유전자가 한국 사회에 전반적으로 다시 되살아나 버렸다.

대한민국은 약 500여만 명이라는 인명피해를 낸 6·25 대大전쟁을 치르고 아직도 그 적과 대치하고 있는 나라다. 이런 나라에서 군인을 우습게 여기고 조롱하는 '군바리'라는 말이 횡행하고 있다. 김영삼 정권은 스스로를 문민정부라 자칭하며 자랑했다. 그 문민 운운의 의식이 어느덧 아무런 저항감 없는 보편이 되었다. 87년 체제 30년을 거치며 한국은 정신적으로 다시 조선이 되어가고 있는 것이다.

박정희를 부정하면서 얻은 게 무엇인가

박정희가 국민들에게 제시한 국가목표는 간명했다. "잘 살아보세"였다. 그 목표를 위해 제시한 지침도 간명했다. "능률과 실질을 숭상(국민교육헌장)"하고 "근면 자조 자립(새마을운동 정신)"하자고 했다. 그리고 국민들에게 이렇게 격려했다. "하면 된다!"

그러나 새마을운동은 퇴장했고 국민교육헌장도 이제 지난 시절을 보여주는 자료로만 남게 되었다. 1970년대 우리 농촌의 경이적 변화를 이끌었던 새마을운동은 5공화국 시절의 정치적 스캔들과 관련해 1988년, 관련자들이 구속되는 일이 벌어지면서 실질적으로는 마감하게 되었다. 개발연대 국민들의 정신적 지침 역할을 했던 국민교육헌장도 소위 문민정부가 들어선 1994년 사실상 폐지되고 말았다. 김영삼 정권은 1968년 선포 이래 매년 빠짐없이 치러지던 국민교육헌장

기념식을 폐지했다. 그리고 2003년 노무현 정권이 들어서면서 선포기념일마저 폐지되고 말았다. 그리하여 국민교육헌장도 역사 속으로 들어가고 말았다.

87년 체제 출범과 함께 이뤄진 이 사건들은 87년 체제의 정치적 함의를 상징적으로 보여준 것이었다. 87년 체제는 오직 박정희의 반대편으로 달리는 것을 능사로 여겼다. 87년 체제를 주도했던 야당 세력들은 그것이 정당하다고 여겼고 또 87년 체제의 정당성은 그렇게 해야만 증명될 수 있다고 여겼다. 그러나 그 결과는 대한민국에 결코 새로운 성공을 가져다주지 않았다.

문민을 앞세웠던 김영삼 정부는 IMF 사태라는 경제 위기를 막지 못했고, 군사독재에 대한 저항을 자랑했던 좌경화된 김대중·노무현 정권은 북한 핵무장의 공범 노릇을 했다. 그런 가운데서도 종북 좌익 세력들은 끊임없이 확대, 강력한 세를 형성했다. 북한의 핵 위협에도 친북적 자세를 버리지 않고 사드 배치에도 반대하며 중공에도 굴종의 자세를 보이는 자들이다. 이들이 정권을 장악했다.

대한민국은 총체적 위기 상황이다. 고삐 풀린 자들의 독선과 독주에 의해 안보, 정치, 경제에 삼각파도처럼 한꺼번에 위기가 밀어닥쳐 오고 있다. 박정희 시대를 부인하고 박정희 정신을 부정하며 오로지 그 반대편으로 달린 것의 결산서다.

기적을 가능케 한 정신을 외면하고 무엇을 얻으려 하는가

대한민국은 기적의 나라였다. 종교적 기적은 마주하기 쉽지 않으나 기적을 굳이 찾겠다면 대한민국의 역사를 보면 된다. 대한민국은 탄생과 성장 모두가 기적이었다. 대한민국은 누군가의 매도처럼 '태어나선 안 될' 나라가 태어난 것이 아니라 '태어날 수 없는' 나라가 태어난 것이었다. 그리고 대한민국의 성장과 발전은 당연히 이루어질 수 있는 일이 이루어진 게 아니라 도저히 이루어질 전망이 보이지 않는 일이 이루어진 것이었다.

개인이든 국가든 할 수 있는 일도 하지 않는 경우가 많다. 그러나 박정희는 단순히 할 수 있는 일을 하는 것을 넘어 '해야 하는 일'을 했다. 성공을 꿈꾸는 모든 이들은 성공을 위해 무엇을 해야 하는지를 헤아린다. 그러나 필요한 일이 무엇인지를 알았다 해서 모두가 그 일을 해내지는 못한다. 그러나 박정희는 했고, 해냈다.

박정희를 알아야 한다. 그리고 그 시대와 정신을 알아야 한다. 이것은 단순히 그래야만 하는 도의적 차원 이상이다. 후後세대의 입장에서 앞 세대가 물려준 성취를 제대로 이해하는 것은 마땅히 그래야 할 일이기도 하지만 현실적 필요성에서도 매우 중요한 일이다. 성공의 발자취를 헤아리지 못하는 자가 또 다른 성공을 꿈꾼다는 것은 그 자체가 가당찮은 일이기 때문이다. 박정희 시대는 성공한 시대였다. 그것도 아무도 가지 못한 전인미답前人未踏의 길을 용감히 밟으며 이룩한 성취였다. 그 성취의 정수를 알고 필요하다면 기꺼이 거기로 되돌아가야 한다. 기적을 가능케 한 정신을 외면할 이유가 없지 않은가.

위대한 성공의 시대를 제대로 알지도 알려고도 하지 않는 정도를 넘어, 마치 실패한 시대, 암흑의 시대인 듯 단정하며 목청을 높이는 자들이 있다. 그들은 오직 흠집만 찾아내려 몰두한다. 그런 식으로 해서 또 다른 미래를 기약할 수 있으리라 생각하는 것은 세상을 너무 우습게 아는 것이다. "역사를 잊은 민족에게 미래가 없다"라는 말이 누구의 것인지 모르겠으나 '박정희와 그 시대의 성공'에 대해서 그 경구가 적용되지 않아야 할 이유가 있는가?

10월혁명과 10월유신

10월혁명의 그림자, 10월유신의 빛

발생하는 모든 일이 '역사'가 되는 것은 아니다. 사건은 반복해서 기억될 때만 역사가 된다. 매년 반복되는 달과 날, 우리는 그렇게 다시 기억되는 사건들을 대하며 역사를 마주하곤 한다. 세계는 조용했던 적이 없으며 우리 또한 간단치 않은 역사의 굴곡을 거쳐 왔다. 그런 만큼 세계사적으로든 한국사적으로든 어느 달月인들 중요한 역사적 기억이 없는 때는 없다.

　'10월'도 역시 그러하고 그 명칭이 붙는 두 개의 역사적 사건이 있는데, 바로 '10월유신'과 '10월혁명'이다. 물론 그 '10월'은 따지고 보면 그저 통칭상이다. 러시아의 '10월혁명'이란 당시 러시아의 구력舊曆 기준이고 지금의 세계 공통 역법 기준으로는 11월의 사건이다. 하나는 단지 우리 정치사의 사건이고 다른 하나는 100년 전 러시아의 사건이니 시공간적으로도 멀다. 더욱이 러시아 10월혁명이라는 세계사적 사건에 '감히' 10월유신 '따위'를 빗대다니 하는 시선도 있다. 그런데 역설적이게도 바로 그 때문에라도 두 10월을 교차해 보게 된다. 그 평가의 시선에서 오늘날 우리 한국인의 역사의식과 정치의식에 중요한 갈림이 보이기 때문이다.

러시아 혁명은 세계사적 사건이긴 하다. 그래서 우리 역사에도 그만큼 긴 파장을 드리웠다. 그런데 빛보다는 짙은 그림자였다. 대한민국 탄생 이전의 전사前史에도 갖은 곡절의 흔적을 남겼지만 특히 건국 이후에는 더더욱 상흔이었다. 신생 대한민국은 태어나자마자 6·25의 참화로 피의 골짜기를 지나야 했다. 거슬러 올라 보면 그것도 결정적으로 러시아 혁명의 결과적 여파다. 그리고 이후 대한민국이 현대사의 장정에서 늘 마주해야 했던 공산세력과의 대결이 야기한 긴장도 모두 그러하다.

러시아 혁명 100주년은 붐이었는데
박정희 탄생 100주년은 뒷전으로 지나가다니!

러시아 10월혁명의 역사적 결과는 우리 한국의 현대사에서는 시종 적대적 대립물로 작동했다. 그런데 그 같은 엄연한 사실을 주목하고 지적하는 것이 지금 한국에선 결코 세련된 사고방식으로 간주되지 않는다. 낡은 발상, 시대착오적인 냉전적 발상으로 치부하기 일쑤다. 특히 자칭 '진보'를 자처하는 부류들은 예외 없이 그런 태도를 보이고 있고 대중적으로도 그런 분위기가 퍼져 있다.

2017년 러시아 혁명 100주년을 맞아 서점가에는 러시아 혁명 관련 서적들이 붐이었다. 새삼 레닌 전집이 서가를 덮고 여기저기에 '혁명'을 논하는 책들이 봇물을 이루었다. 유혈의 난장은 잊히고 낭만적으로 혁명이 소비되고 있었다. 그런 반면에 100주년을 맞이한 다른 어떤 기념일은 완전히 뒷전이었다. 2017년은 박정희 대통령 탄생 100주년이었다. 그 100년 전인 1917년 11월 14일 박정희 대통령이 태어났다. 레닌의 볼셰비키, 통칭 10월혁명으로 일컬어지며 무장봉기로 정권을 탈취한, 지금의 달력으로 11월 7일인 날로부터 일주일 뒤였다.

박정희는 정치적으로 어떤 시비를 하든 그 경제적 업적만큼은 부인할 수 없는 인물이다. 10월유신을 아무리 유감스러워한다 해도 유신 시대를 빼고는 대한민국의 고도성장과 중화학공업은 논할 수도 없다. 그런데 레닌과 그의 10월에는 낭만적 시선을 당연시하지만 박정희와 그의 10월에는 최소한의 객관적 조망도 극히 인색하다. 10월유신에 대해서는 부정적 평가가 상식으로 군림한다. '경제적' 측면에서 박정희 대통령의 업적을 인정하는 이들도, 많은 경우 '정치적'으로는 긍정적 평가를 주저한다. 정치적으로는 특히 '쿠데타'라는 말이 시종 따라다닌다. 5·16은 당연히 군사 쿠데타고, 10월유신도 쿠데타로 칭하기도 한다.

레닌의 10월혁명은 쿠데타가 아닌가?

그렇게 끈질기게 '쿠데타'라는 말을 붙이는 것은 박정희가 군사력 등을 동원한 불법적 정치 행동으로 합법적 정치 과정을 전복시켰다는 부정적 의미에서일 것이다. 그런데 그렇다면 러시아의 10월혁명만큼 그 정의에 잘 어울리는 경우도 없을 것이다. 당시 러시아에는 1917년 2월혁명으로 제정 러시아 체제가 무너지고 수립된 케렌스키 정부가 있었다. 레닌의 볼셰비키는 이 합법적인 케렌스키 정부를 비합법적인 군사행동으로 타도하고 정권을 탈취했다. 그런데 이건 쿠데타가 아니라 그저 혁명이라 한다.

1917년 11월, 그렇게 권력을 탈취한 레닌은 케렌스키 정부 시절부터 예정되어 있던 제헌의회 선거를 실시했다. 볼셰비키가 권력을 이미 장악한 상태였지만 선거 결과는 이를 무색하게 했다. 볼셰비키의 의석은 전체 의석의 1/4에도 미치지 못했다. 레닌은 이 곤란을 간단히 해결했다. 선거 결과를 완전히 무시하는 것이었다. 1918년 1월 18일 의회가 소집되었으나 볼셰비키는 곧바로 이를 강제 해산했다. 레닌이 내세운 이유는 "노동자 권력에 어울리지 않는 부르주아 의회에 시간 낭비를 할 이유가 없다"라는 것이었다. 레닌과 볼셰비키의 이 같은 정치 행적은 박정희의 5·16과 10월유신보다 과연 얼마나 대단한 정치적 정당성을 갖는가?

박정희를 아무리 폄하해도

물론 이 같은 시시비비에도 불구하고 러시아의 10월혁명은 여전히 역사적으로 그저 '혁명'이다. 그 과정이 아무리 불법적인 행동으로 점철되고 유혈이 낭자했다 해도 그렇다. 사실 역사적으로의 '혁명'이란 형식적 측면에서의 절차적 정당성과는 별도의 문제다. 어떤 정치적 변혁의 행위에 대한 역사적 심판은 결국 그것이 낳은 결과에 따른다.

러시아의 10월혁명에 그 어떤 낭만적 찬미의 감상을 싣고자 해도 결과적으로 그것은 역사적으로 '실패'라는 판정을 면할 수 없다. 그 파장이 역사에 긍정적 유산을 남긴 게 없기 때문이다. 러시아 자신의 역사적 차원에서도 그러하지만 세계사적으로도 그것을 모범으로 했던 모든 정치적 실험은 참담하게 끝났다. 그래서 그것은 '혁명'이라는 칭호는 가져도 결국 '실패작'으로 기록된다.

그렇다면 박정희의 5·16과 10월유신은 어떠한가? 그 지칭을 뭐라 하든 박정희의 '정치'는 결국 우리 역사에서 최소의 희생으로 최대의 성과를 낳았다. 뿐만 아니라 그 성과는 세계적으로도 공산 전체주의 모델과의 대결에서 중대한 승리를 이룩한 하나의 모범이 되었다. 이것이 폄하되어야 하는가? 러시아의 10월과 유신의 10월, 그리고 러시아 혁명 100주년과 박정희 탄생 100주년, 적어도 우리 한국민의 입장에서 무엇이 더 기억되고 기념되는 것이 마땅한가?

5·16과 10월유신의 정치경제학

박정희가 옳았다

초판 1쇄 발행   2019년 7월 19일

초판 5쇄 인쇄   2024년 12월 13일

지은이   이강호

펴낸이   안병훈

펴낸곳   도서출판 기파랑

등 록   2004. 12. 27 제300-2004-204호

주 소   서울시 종로구 대학로8가길 56 동숭빌딩 301호   우편번호 03086

전 화   02-763-8996(편집부) 02-3288-0077(영업마케팅부)

팩 스   02-763-8936

이메일   info@guiparang.com

홈페이지   www.guiparang.com

ⓒ 이강호, 2019

ISBN 978-89-6523-622-1   03300